国企党建丛书

国有企业改革发展探索

国企党建丛书编写组　编著

广西人民出版社

图书在版编目（ＣＩＰ）数据

国有企业改革发展探索 / 国企党建丛书编写组编
著.—南宁：广西人民出版社，2017.6
（国企党建丛书）
ISBN 978-7-219-10276-3

Ⅰ.①国…　Ⅱ.①国…　Ⅲ.①国有企业－企业改革－
中国－文集　Ⅳ.①F279.241-53

中国版本图书馆CIP数据核字（2017）第094056号

责任编辑　农向东　林晓明
责任校对　高　健　梁小琪　覃丽婷　陈　威
整体设计　陈晓蕾　李彦媛　牛广华　陈瑜雁
印前制作　麦林书装

出版发行	广西人民出版社	
社　　址	广西南宁市桂春路6号	
邮　　编	530028	
印　　刷	广西民族印刷包装集团有限公司	
开　　本	787mm×1092mm　1/16	
印　　张	14	
字　　数	175千字	
版　　次	2017年6月　第1版	
印　　次	2017年6月　第1次印刷	
书　　号	ISBN 978-7-219-10276-3	
定　　价	39.00元	

国企党建丛书编委会

主　任　管跃庆

主　编　管跃庆

委　员　韦刚强　王晓华　巩学青　韩宗桂

　　　　胡建华　陈立生　李海荣　覃　超

总　序

　　国有企业是中国特色社会主义的重要物质基础和政治基础，是我党执政兴国的重要支柱和依靠力量。新中国成立以来特别是改革开放以来，国有企业的改革发展取得了巨大的成就。国有企业为我国经济社会发展、科技进步、国防建设、民生改善做出了历史性贡献，功勋卓著，功不可没。

　　2016年10月，习近平总书记在全国国有企业党的建设工作会议上指出：坚持党的领导、加强党的建设，是我国国有企业的光荣传统，是国有企业的"根"和"魂"，是我国国有企业的独特优势。在新形势下，国有企业更要坚持党的领导、加强党的建设，坚持党对国有企业的领导不动摇，发挥企业党组织的领导核心和政治核心作用，把方向、管大局、保落实。2017年4月，广西壮族自治区党委书记彭清华在广西国有企业党的建设工作会议上强调：要全面加强党对国有企业的领导和国有企业党的建设，为做强做优做大国有企业，争做落实新发展理念的排头兵、创新驱动发展的排头兵、实施国家重大战略的排头兵提供坚强组织保证。为此，本丛书编写者精心组织策划，运用集体智慧，编辑出版了"国企党建丛书"，宣传、普及国有企业党建工作基础知识，为国有企业党建工作提供参考和支持。

本丛书有以下分册：《国有企业党的知识读本》《国有企业党建工作手册》《国有企业党建工作案例》《国有企业改革发展探索》，在编写上力争做到内容严谨、形式活泼，说理透彻、深入浅出，图文并茂、通俗易懂。

《国有企业党的知识读本》一书，以《中国共产党章程》和习近平总书记系列重要讲话精神为主线，系统介绍中国共产党的基础知识，包括党的性质、党的宗旨、党的纲领、党的指导思想、党的奋斗目标、党的基本路线、党的建设、党的奋斗历程、以习近平同志为核心的党中央治国理政新理念新思想新战略。本书内容浅显易懂，努力兼顾理论性和实用性的统一。

《国有企业党建工作手册》是宣传普及国有企业党的建设工作基础知识的通俗读物，是对国有企业广大党员特别是党务工作者进行培训的基础教材。本书按照中共中央关于加强国有企业党的建设的基本要求，从广西国有企业党建工作的实际出发，全面、系统介绍了加强国有企业党的建设的重大意义、国有企业党建工作的总体要求和具体方法等。本书内容涵盖国有企业党建的各方面工作，力求使其达到既有科学性和权威性，又有实用性和可操作性。

《国有企业党建工作案例》是按照中共中央关于加强和改进国有企业党建工作的基本要求，围绕广西国有企业党建工作中的重点、难点问题，精选广西国有企业31个党建工作案例进行深入分析和全面解读。这些成果，既是对广西国有企业党建工作的经验总结，也是对广西国有企业党建工作的理论研讨，具有重要的参考和借鉴价值。

《国有企业改革发展探索》是贯彻落实习近平总书记系列重要讲话精神和中共中央关于国有企业改革发展的重大部署，紧紧围绕国有企业改革发展的重点、难点问题，力求对国有企业改革发展有较为全面的介绍和阐释。国有企业改革在不断探索中取得了巨大的成就，国有企业的活力、控制力和影响力逐步得到增强，但是，国有企业改革发展还有很长的路要走。本书力求使读者充分认识到国有企业改革的复杂性和艰巨性，从而为打赢国有企业改革发展的持久战和攻坚战提供借鉴和参考。

本丛书由于写作、编辑时间仓促，加之广西壮族自治区国有企业分布面广、涉及行业多，各企业党建工作进度不一、情况复杂多样，写作难度较大，又限于丛书编写人员的能力和水平，虽然在较短时间内倾入较大心力，但仍存在种种不足，敬请读者批评指正。

目录 CONTENTS

第一章

国有企业的地位和作用

　　党的十八大以来，党和国家对加强国有企业的地位和作用做出重大战略部署，习近平总书记对强化国有企业地位和作用所发表的系列重要讲话，表明了党和国家对推动国有企业改革发展，做强做优做大国有企业的态度和决心，阐述论证了国有企业的地位和作用。在贯彻落实党和国家重大决策部署，实施创新驱动发展战略，推动战略性新兴产业发展，供给侧结构性改革，促进国民经济持续健康发展等方面，国有企业发挥了重要的支撑和引领作用。本章从《中华人民共和国宪法》有关法律规定，阐明宪法赋予国有经济的地位作用，简要阐述了广西国有企业改革发展现状及其贡献，对进一步增强及发挥好国有企业作用进行了有益探讨，并提出建议。

一、党的十八大以来对国有企业地位和作用的相关论述

（一）宪法对国有经济（含国有企业）地位和作用的阐述

国有企业是指中央政府或地方政府出资的国有独资企业或国有控股企业。国有企业是以出资人身份来界定，属于全民所有（制）。国有企业是国有经济的市场主体。

《中华人民共和国宪法》是国家的根本大法。我国正处于并将长期处于社会主义初级阶段，这是当代中国的基本国情。《中华人民共和国宪法》总纲有关条文规定：在社会主义初级阶段，坚持公有制为主体、多种所有制经济共同发展的基本经济制度；国有经济即社会主义全民所有制经济，是国民经济中的主导力量；国家保障国有经济的巩固和发展；国有企业在法律规定的范围内有权自主经营。国有企业依照法律规定，通过职工代表大会和其他形式，实行民主管理。

在国家宪法层面上，《中华人民共和国宪法》对国有经济的地位和作用有明确阐述。可见，在我国社会主义初级阶段，国家保障国有企业的巩固和发展，国有企业是推动国民经济发展的主导力量。

（二）促进国民经济持续健康发展，国有企业发挥了重要作用

国有企业的"主导力量"主要体现在：国有企业是中央决策部署的坚定执行者。国有企业在加强和完善党的领导、贯彻新发展理念、全面深化改革方面是坚定的实践者和引领者。国有企业在推动创新发展、产业转型升级、供给侧结构性改革，促进国民经济持续健康发展等方面是重要的中坚骨干力量。国有企业大多处于关系国

家安全、经济命脉和民生的关键领域或重要行业，在保障国家安全、经济安全、改善民生以及推进工业化和现代化建设中，国有企业发挥了重要的作用。

2008年国际金融危机爆发以来，我国经济运行长期积累的矛盾逐步显现。"三期叠加"给国民经济调整发展产生较大压力，许多产业自主创新能力、国际竞争力不强，产能严重过剩，生态环境保护压力增加等。面对严峻复杂的国际环境，国内经济矛盾问题交织，党中央、国务院运筹帷幄，沉着应对，稳中求进，做出了一系列科学决策。例如，加快转变经济发展方式，实施创新驱动发展战略，深化国有企业改革，推动发展战略性新兴产业，推动传统产业改造升级，推动供给侧结构性改革；制定《中国制造2025》战略规划；发布《推动共建丝绸之路经济带和21世纪海上丝绸之路的愿景与行动》等。为推进产业结构优化升级，促进国民经济持续健康发展营造更好的环境和条件。在贯彻落实国家重大决策部署，实施创新驱动战略，推动供给侧结构性改革，促进国民经济持续健康发展中，国有企业发挥了主力军作用。表现在：

1.进入世界500强企业的中国企业中，国有企业是主力军。在2017年世界500强企业名单中，中国有110家企业进入世界500强，绝大多数是国有企业。

2.在重大、关键技术自主创新中，国有企业是主力军。在航空航天、高铁运输、核电设备、超级计算机、数控机床、超大型锻压设备、海工装备、国防装备等高端装备的重大、关键技术，装备自主研发创新、自主研制中，国有企业是主力军。

3.国有企业国际竞争力大幅提高。经过30多年的改革开放，引进消化先进技术、管理经验，通过合成创新、自主创新，"中国制造"在许多产业领域培育了一批具有国际竞争力的国有企业，使

"中国制造"品牌在国际上具有更好的声誉和竞争力。例如，中国高铁、中国航空、中国装备等，成为中国高端装备"走出去"的金字招牌，成为亮丽的"国家名片"。

4.推动传统产业改造升级发展，国有企业发挥了重要作用。在推动通用、专用设备，汽车制造、家用电器制造等传统产业改造升级发展方面，国有企业表现卓越，做出了重大贡献。在工程机械、港口机械、柴油内燃机、汽车制造、有色金属材料等传统制造业领域，国有企业在推动产业自主创新，改造升级，创新发展，提高产品质量、品质，增强核心竞争力，提高效益等取得了良好的成效，为传统产业发展注入新的活力。例如，柴油内燃机制造行业的玉柴股份有限公司、潍柴动力股份有限公司；工程机械制造行业的柳工机械股份有限公司、徐工机械股份有限公司；汽车制造行业的上汽集团、广汽集团；家电制造行业的格力电器股份有限公司；铝加工行业的广西南南铝业股份有限公司。以上述公司为代表的国有（控股）企业，依靠技术、产品、管理和运营模式创新，推动传统产业改造升级，提高产品质量、品质，提高效率，增强应对市场变化的灵活性和反应速度，提高竞争力，为企业发展注入新的活力和动力，自主（品牌）产品在国内国际市场销量增加，取得良好效益。在推动传统产业改造升级发展中，发挥了引领示范作用。

5.在大型公共基础设施投资建设中，国有企业是主力军。在城市大型公共设施、高速公路、高铁、机场、航运码头（沿海、内河）、水利水库、跨海大桥、发电和输变电、通信等大型公共设施投资建设中，国有企业都是主力军。

6.在金融服务领域，国有企业是主力军。在商业银行、投资银行、保险、信托等金融服务领域，国有企业的业务量占据绝对高的比重。在事关国家金融安全、经济安全的金融领域，国有企业成为绝对的主力军。

以上分析充分说明，促进国民经济持续健康发展，国有企业做出了重要贡献，起到了很好的引领示范作用。

（三）十八大以来，党和国家对加强国有企业地位和作用做出的战略部署

党的十八届三中全会对国有企业深化改革做出重要部署。会议强调，要持续深化"放、管、服"和财税、金融、创新、国企等重点领域改革。全面落实"去产能、去库存、去杠杆、降成本、补短板"五大重点任务，通过有效的市场竞争，提高资源配置效率，实现优胜劣汰和产业重组，提升产能过剩行业集中度，积极推进科技创新，增强核心竞争力，加快推进新旧动能转换。要采取正确方略和有效办法推进五大重点任务，去产能和去杠杆的关键是深化国有企业和金融部门的基础性改革，去库存和补短板的指向就是要将有序引导城镇化进程和农民工市民化有机结合起来，降成本的重点是增加劳动力市场灵活性、抑制资产泡沫和降低宏观税负。

2016年7月24日，国务院办公厅印发了《关于推动中央企业结构调整与重组的指导意见》（国办发〔2016〕56号），主要精神是：通过推动中央企业结构调整与重组，即通过巩固加强一批，创新发展一批，重组整合一批和清理退出一批，助推中央企业强身健体，轻装上阵；提高中央企业创新能力、发展质量和效率，增强中央企业发展活力和国际竞争力，推动中央企业在市场竞争中发展壮大，进一步强化中央企业地位和作用，提高中央企业的影响力和引领作用，更好地发挥中央企业在保障国民经济持续健康安全发展中的中坚骨干作用。主要目标是：到2020年，中央企业战略定位更加准确，功能作用有效发挥；总体结构更趋合理，国有资本配置效率显

著提高；发展质量明显提升，形成一批具有创新能力和国际竞争力的世界一流跨国公司。具体目标是：

——功能作用有效发挥。在国防、能源、交通、粮食、信息、生态等关系国家安全的领域保障能力显著提升；在重大基础设施、重要资源以及公共服务等关系国计民生和国民经济命脉的重要行业控制力明显增强；在重大装备、信息通信、生物医药、海洋工程、节能环保等行业的影响力进一步提高；在新能源、新材料、航空航天、智能制造等产业的带动力更加凸显。

——资源配置更趋合理。通过兼并重组、创新合作、淘汰落后产能、化解过剩产能、处置低效无效资产等途径，形成国有资本有进有退、合理流动的机制。中央企业纵向调整加快推进，产业链上下游资源配置不断优化，从价值链中低端向中高端转变取得明显进展，整体竞争力大幅提升。中央企业间的横向整合基本完成，协同经营平台建设加快推进，同质化经营、重复建设、无序竞争等问题得到有效化解。

——发展质量明显提升。企业发展战略更加明晰，主业优势更加突出，资产负债规模更趋合理，企业治理更加规范，经营机制更加灵活，创新驱动发展富有成效，国际化经营稳步推进，风险管控能力显著增强，国有资本效益明显提高，实现由注重规模扩张向注重提升质量效益转变，从国内经营为主向国内外经营并重转变。

（四）习近平总书记对强化国有企业地位和作用的重要论述

习近平总书记在全国国有企业党的建设工作会议上发表重要讲话。习近平总书记指出："国有企业是中国特色社会主义的重要物质基础和政治基础，关系公有制主体地位的巩固，关系我国社会主义制度，是我们党执政兴国的重要支柱和依靠力量。""要坚持党对国有企业的领导不动摇。""要理直气壮把国有企业做强做优做大。"

1.使国有企业成为"六大力量"。习近平总书记强调，要通过加强和完善党对国有企业的领导、加强和改进国有企业党的建设，使国有企业成为党和国家最可信赖的依靠力量，成为坚决贯彻执行党中央决策部署的重要力量，成为贯彻新发展理念、全面深化改革的重要力量，成为实施"走出去"战略、"一带一路"建设等重大战略的重要力量，成为壮大综合国力、促进经济社会发展、保障和改善民生的重要力量，成为我们党赢得具有许多新的历史特点的伟大斗争胜利的重要力量。"六大力量"的新提法，是党的领导人站在新的历史起点上，对国有企业提出的殷切希望，为深化国有企业改革指明了努力方向，是对国有企业地位和作用的最新表述。

2.坚持党对国有企业的领导不动摇。习近平总书记指出，坚持党的领导、加强党的建设，是我国国有企业的光荣传统，是国有企业的"根"和"魂"，是我国国有企业的独特优势。要把党的领导融入公司治理全过程。事实证明：凡是取得优异成绩的国有企业，都是党的领导坚强有力、党的建设全面到位的企业；腐败问题频发、国有资产流失、效率低下的国有企业，都是党的领导和党的建设弱化、虚化、淡化、边缘化的企业。习近平总书记指出："坚持党对国有企业的领导是重大政治原则，必须一以贯之；建立现代企业制度是国有企业改革的方向，也必须一以贯之。中国特色现代国有企业制度，'特'就特在把党的领导融入公司治理各环节，把企业党组织内嵌到公司治理结构之中，明确和落实党组织在公司法人治理结构中的法定地位，做到组织落实、干部到位、职责明确、监督严格。"国有企业肩负着特殊的历史使命，要坚定道路自信、理论自信、制度自信、文化自信，要在市场经济大潮中锤炼自我，在深化改革中完善自我，理直气壮做强做优做大。

3.深化国有企业改革，要坚持"三个有利于"方针。习近平总书记指出："要坚持有利于国有资产保值增值，有利于提高国有经济竞争力，有利于放大国有资本功能的方针，推动国有企业深化改革、提高经营管理水平，加强国有资产监管，坚定不移把国有企业做强做优做大。"有利于国有资产保值增值，是对国有企业改革的效益要求。"保值"，要求资本存量不流失、不贬值；"增值"，要求资本在既定价值不变的存量基础上创造新的价值增量。有利于提高国有经济竞争力，是对国有企业提高创新能力（管理、技术、产品、商业模式等创新），提高管理水平，提高效率效益，增强核心竞争力，使企业在国内外市场竞争中胜出，成功塑造良好的企业形象、品牌声誉，实现做强做优做大提出的核心要求。有利于放大国有资本功能，是对国有经济增强控制力和影响力的要求。

4.坚持党对国有企业的领导不动摇，把党的领导贯穿融入公司治理全过程。"根""魂"优势，"三个有利于"等新提法、新论断、新观点，为在新形势下推进国有企业全面改革，完善国有企业治理，做强做优做大国有企业，加强国有企业的地位和作用指明了目标和方向，提供了强有力的组织和理论保障，提供了实践依据和检验标准。

5.国有企业要做落实新发展理念、创新驱动发展、实施国家重大战略的排头兵。2017年4月19日至21日，习近平总书记在广西北海、南宁考察调研期间强调："不论经济发展到什么时候，实体经济都是我国经济发展、在国际经济竞争中赢得主动的根基。"当下"在推动产业优化升级上下功夫"，着力之处必是实体经济。

2017年4月20日，习近平总书记来到广西南南铝加工有限公司考察调研，习近平总书记语重心长地告诫"不能脱实向虚"。当前世界经济，最根本的问题是供需关系的结构性矛盾，而解决问题的关键就是提高有效供给，催生新的需求。只有抓好制造业，形成具有持续竞争力和支撑力的工业体系，才能够使巨大产能转化为有效供给。

习近平总书记对企业职工说："一个国家一定要有正确的战略选择。我们的战略选择就是要继续抓好制造业。"

考察调研期间，习近平总书记对国有企业提出了期望，就是"做落实新发展理念的排头兵、做创新驱动发展的排头兵、做实施国家重大战略的排头兵"。

习近平总书记殷切希望，广西经济社会要"下功夫转变发展方式，坚持绿色发展""下功夫提高创新能力"，"创新是引领发展的第一动力"，要大力推动创新驱动发展，加快形成新的增长动力源。

习近平总书记在广西考察调研期间发表的系列重要讲话，提出的新论述和新观点，站在国家战略高度，对广西改革发展、对国有企业改革发展提出了殷切期望，为广西经济社会发展指明了方向。

二、广西国有企业改革发展现状及贡献

（一）广西国有企业改革发展现状

1.国资系统国有企业主要指标实现较快增长。2016年12月，广西国资系统232户企业资产总额、所有者权益、营业收入、利润总额、上缴税费分别为25367亿元、7864亿元、5707亿元、164亿元、231亿元。与上年同比分别增长19.85%（资产总额）、11.97%（所有者权益）、15.98%（营收）、13.58%（利润总额）、14.31%（应缴税费）。

2.优化国有资本布局结构，成功打造一批大企业大集团。目

前，广西国有资本主要分布在冶金、机械、电力、建筑、交通运输、社会服务、金融、房地产等领域，占国有资产总额的91.87%。

通过重组整合，打造一批支撑广西产业升级、代表广西形象的大企业、大集团，广西国资委监管企业由最多时的46户减少到目前的24户。广西投资集团、建工集团、柳钢集团、北部湾港务集团、玉柴集团5户企业进入2016年中国企业500强。

3.贯彻落实"一带一路"倡议并取得良好成效。广西出台了《自治区国资委贯彻落实"一带一路"倡议推动企业"走出去"指导意见》，着力在推进国际产能和装备制造合作，促进提质增效升级，增强企业国际投资经营水平等方面取得突出进展和较好的成效。广西直属企业中已有12户企业开展境外投资、对外合作业务，在23个国家和地区有合作项目，在140多个国家设立经销机构，境外总资产达275.91亿元，2016年实现营业收入276.6亿元，利润4.52亿元。"十三五"期间，力争对外投资达100亿元，对外承包工程300亿元，出口产品销售收入达350亿元。

（二）广西国有企业对经济社会发展做出重大贡献

1.国有企业对广西经济实现稳定增长发挥支撑作用。2016年，广西国有企业实现营业收入5707亿元，与上年同比增长15.98%；实现利润总额164亿元，同比增长13.58%；上缴税费231亿元，同比增长14.31%。三项主要指标均实现两位数的高速增长。2017年一季度，广西国有企业（24户）累计实现营业收入1156.96亿元，同比增长29.80%；实现利润总额28.90亿元，同比增长86.73%。

广西国有企业主要指标实现高速增长是在广西经济增速下行的背景下取得的。2016年广西生产总值增速下降0.8个百分点，工业增加值增速下降0.6个百分点；2017年一季度广西生产总值增速为6.3%，增速同比下降0.7个百分点，工业增加值增速为7%，增速同比下降1.7个百分点。

2.国有企业积极参与北部湾经济区开发、大型公共设施投资建设。在北部湾经济区开发、西江黄金水道开发、大型公共设施建设等领域，国有企业均参与投资开发建设。截至2016年底，投资建设高速公路4155公里，建成高铁里程1850公里，沿海港口吞吐能力从千万吨提高到两亿吨。

3.国有企业在履行社会责任、建设和谐社会、促进就业等方面做出重大贡献。2016年，广西国有企业在支援灾区建设、社会捐赠、脱贫攻坚、服务中国—东盟博览会等工作中，出钱出力，主动担当，履行社会责任。当年，广西国有企业社会贡献总额达到2011亿元；解决就业超50万人，其中职工19万人，劳务派遣工、农民工30多万人。

三、进一步增强及发挥国有企业地位和作用

要进一步增强和发挥国有企业地位和作用，必须着力做好以下方面的工作：

（一）扎实推进和深化国有企业改革

要提升国有经济的影响力，发挥主导作用，就必须做强做优做大国有企业。而做强做优做大国有企业的根本途径就是深化国有企业改革。抓好国有企业深化改革，则要做到：

1.坚持"三个有利于"方针。习近平总书记提出的"三个有利于"为国有企业改革确立了价值判断标准，明确了改革的指导思想、目标、方向和重点，要通过深化国有企业改革，提高国有企业

发展质量效益，加强完善国有资产监管，努力做强做优做大国有企业。

2.健全现代企业制度要突出中国特色。习近平总书记用两个"一以贯之"强调了国有企业党建与国有企业改革的重要性，前者是重大政治原则，后者是国有企业改革方向。习近平总书记指出，中国特色的现代企业制度，"特"就特在把党的领导融入公司治理各环节，把企业党组织内嵌到公司治理结构之中，明确和落实党组织在公司法人治理结构中的法定地位，做到组织落实、干部到位、职责明确、监督严格。经过长期实践探索，在处理好党组织和现代企业法人治理结构之间的关系上，中国特色的做法，就是推动党组织与现代企业法人治理结构的双向进入，即通过党委书记、董事长"一肩双挑"，党组织成员依照法定程序进入董事会、监事会、经理层，董事会、监事会、经理层成员依照党章党规担任党组织职务，形成现代企业中政治组织与经济组织的相互嵌入、有机结合的管理制度。这种制度，使国有企业法人治理结构增设了新的组织制衡，为提高国有企业决策科学水平，确保管好、用好人提供重要的制度保障。

3.加强党对国有企业的领导，加强国有企业党建工作，保障党组织领导核心和政治核心地位和作用。习近平总书记明确指出，党对国有企业的领导是政治领导、思想领导、组织领导的有机统一。国有企业党组织发挥领导核心和政治核心作用，归结到一点，就是把方向、管大局、保落实。国有企业归根到底是个经营主体，抓好经营、生产等企业管理，提高竞争力，提高发展质量效益是主业，是生存发展之道。"两个核心"观点的提法，重要的是明确党组织作为领导核心，要保证党组织的政治领导、思想领导、组织领导作用，发挥好政治核心的作用。发挥核心作用，不是越俎代庖，插手企业具体的生产经营活动，而是在企业发展的大方向、重大事项的决策、国家政策的落实等方面，发挥党组织的领导核心和政治核心作用，在企业经营管理等各项工作中营造良好政治氛围、政治生态。通过"把方向、管大局、保落实"，全力保障国有企业成为"六大力量"，全力保障做强做优做大国有企业，强化国有经济的影响力和主导作用。

（二）提高国有企业创新能力，大力推进供给侧结构性改革，加快产业转型升级，增强竞争力，提高发展质量和效益

面对经济新常态、新形势，国有企业要有担当，有作为，善作善成，这就要求国有企业在稳增长、调结构、促改革、防风险，谋创新发展方面发挥引领示范作用，要求国有企业成为中央和国家决策部署的忠实执行者，成为贯彻落实新发展理念、创新驱动发展、深化改革的引领者，成为促进国民经济持续健康发展的重要力量。为此，国有企业要牢固树立新的发展理念，坚决贯彻落实党和国家决策部署，坚定推进国有企业改革创新发展，加快产业转型升级，推动供给侧结构性改革。通过管理、技术、产品、商业模式等创新，大力发展新兴产业、现代服务业（包括生产性服务业）、先进制造业，强化金融服务实体经济的功能，加快培育形成经济增长新动力。通过推动引进应用先进技术、设备，市场化兼并重组等措施，加快改造提升传统产业，焕发传统产业发展活力和动力。通过推动改革创新发展，持续提升创新能力，提高经营管理水平，提高产品质量、品质，优化产品结构，提高有效供给能力，培育形成发展新动能，激活传统动能，扎实推进供给侧结构性改革，推动形成良好的发展态势，提高运行效率，增强核心竞争力，提高国有企业发展质量和效益。

　　（三）抓住国家实施"一带一路"倡议的机遇"走出去"，开展对外投资合作，拓展国际空间，谋求更好的发展

　　2017年"一带一路"国际合作高峰论坛在北京举行，包括29位外国元首和政府首脑在内的来自130多个国家和70多个国际组织约1500名代表出席此次高峰论坛。可见，由中国提出的"一带一路"倡议，得到越来越多国家、国际组织的认可、响应和称赞，为我国实施"走出去"战略、推进"一带一路"建设等重大战略实施创造更为有利的国际环境。在新形势下，国家鼓励"走出去"，推动"一带一路"建设，鼓励国有企业开展对外投资、对外经济技术合作，是根据国际政治经济形势，结合我国推动经济结构战略性调整，产业转型升级换代，迈向中高端，促进创新驱动发展，可持续发展，提高国际竞争力，提高发展质量和效益的需要。因此，国有企业应抓住国家实施"一带一路"倡议的机遇，积极"走出去"开展对外投资和对外经济技术合作，通过参与国际市场竞争，提高创新能力，提高经营管理水平，提高国际竞争力，努力把国有企业做强做优做大，为巩固和增强国有经济主导作用打下坚实的基础。

　　（四）加强国有企业品牌建设，提升产品质量

　　2014年5月，习近平总书记在河南考察时提出，要"推动中国制造向中国创造转变、中国速度向中国质量转变、中国产品向中国品牌转变"，指明了我国质量发展的总体方向、目标、任务和路径，意义重大而深远。国有企业在市场开拓中，确保具有持续的创新能力，自觉追求精益求精的工匠精神，注重提高经营管理水平，走"靠创新、靠质量品牌取胜"的发展道路，是提高发展质量和效

益，实现做强做优做大的关键要素和重要基础。国有企业在市场竞争中，不断深入推进标准化工作改革创新，积极实施标准化行动，研究制定加强品牌建设的制度文件、激励措施等，促进资本、技术、人才、资源向品牌集聚，培育一批拥有自主知识产权和核心技术、市场竞争力强的知名品牌。全面强化国有企业质量管理，开展质量品牌提升行动，解决一批影响产品质量提升的关键共性技术问题。下力气培养优秀的企业文化，形成良好的企业形象，形成市场影响力大、认可度高的服务质量和产品品牌。

（五）提高国有企业决策科学化水平

2015年，习近平总书记在吉林调研时指出，"推进国有企业改革，要有利于国有资本保值增值，有利于提高国有经济竞争力，有利于放大国有资本功能"。国有企业改革推进过程中，如果没有参照系，就容易迷失方向，甚至走上歪路邪路。如果没有判断标准，就容易陷入无谓争论，难以及时纠正解决。"三个有利于"正是这样的参照系和判断标准，使国有企业改革者既有方向可依，又有路径可循，同时还能在发现问题后及时对照解决问题。深刻把握了"三个有利于"的判断标准，国有企业改革就不会出大问题，反而更有灵活性和自主性。提高国有企业决策科学化，就是依靠建立一套保证企业经营重大决策的科学程序和制度，从根本上保证国有企业在重大决策上不犯方向性、颠覆性的错误，避免重大决策搞"一言堂"；避免重大决策不是建立在扎实调查研究、科学的可行性评估论证和充分开展民主讨论的基础之上。如果在经营决策中，企业一味追求盲目扩张，不重视提升创新能力，不重视推动产业升级、更新换代，不重视增强自主发展、可持续发展能力，不重视提高应对市场变化能力，不重视提高抗风险能力，一旦受到外部环境重大变化的冲击，企业经营发展就会陷入全面被动，甚至面临无力回天的境地。因此，提高国有企业决策科学化水平，是提高国有企业经营管理水平，做强做优做大国有企业，增强国有经济影响力的重要保障。

（六）抓好国有企业领导班子建设

习近平总书记指出，领导班子是一个地方、一个单位的"火车头"，建设好领导班子是夯实党执政的组织基础的关键，也是抓好改革发展和稳定各项工作的关键。特别要提高领导班子思想政治水平、专业化水平，贯彻执行民主集中制水平，强化领导班子整体功能。各级领导干部要干一行爱一行、钻一行精一行、管一行像一行，在勤学苦干、多思善悟中尽快成为行家里手，全面取得领导工作主动权。要注重加强民主集中制教育培训，使各级领导班子都立好规矩，形成既激发个人又依靠集体、既信任鼓励又批评监督、既包容失误又及时纠错、既团结协作又不违原则的良好政治生态。习近平总书记强调，国有企业领导人员是党在经济领域的"执政骨干"，这既是对国有企业领导人员职业使命的高度肯定，又是对国有企业领导人员的鼓励和鞭策。

面对新常态、新形势，国有企业领导人员要担起搞好改革创新发展的历史使命。要坚持运用法治思维推动深化国有企业改革，要把依法依规治企贯彻到国有企业改革创新发展的全过程，努力开创国有企业发展新局面。通过抓好国有企业领导班子建设，用好、管好人，提高国有企业经营管理水平，提高竞争力，提高发展质量和效益。

（七）加强国有企业人才队伍、职工队伍建设

拥有一支高素质人才队伍和职工队伍，是国有企业提高创新能力，提高经营管理水平，提高竞争力，提高发展质量和效益，在市场竞争中不断发展壮大的根本保障。做强做优做大国有企业，必须重视人才队伍、职工队伍建设。要重视建立完善人才引进培养、使用考核等管理制度，确保能够引进、培养出企业所需人才，能够用好管好人才，留住人才。重视搭建人才施展才能的平台，积极探索面向社会招聘使用职业化经理人试点，努力使人尽其才，人尽其用。重视建立职工培训学习制度，提升职工队伍职业素养、职业技能、合作精神和服务意识。重视建立有效的激励约束机制，挖掘职工潜力，激发职工工作积极性和责任心，激励职工奋发向上，提高职工队伍整体素质、执行力。只有做好了人才队伍、职工队伍建设，做强做优做大国有企业才具有可靠、坚实的人力资源保证。

参考文献

［1］《中华人民共和国宪法》

［2］《中国共产党第十八届中央委员会第六次全体会议公报》

［3］2016年7月5日，习近平总书记在全国国有企业改革座谈会发表的重要讲话，以及人民网、央广网等媒体的有关学习报道。

［4］《关于推动中央企业结构调整与重组的指导意见》（国办〔2016〕56号）

［5］习近平总书记2016年10月10日至11日在北京召开的全国国有企业党的建设工作会议上发表的重要讲话，以及南方网等媒体的学习报道。

［6］习近平总书记2017年4月到广西考察调研期间发表的重要讲话，以及央视网等媒体的有关学习报道。

思考题

　　1.使国有企业成为党和国家最可信赖的"六种力量",指的是哪"六种力量"?

　　2.国有企业在我国经济中的重要地位和主导作用体现在哪些方面?

第二章
国有企业改革发展与五大发展理念

　　习近平总书记在党的十八届五中全会上指出，创新、协调、绿色、开放、共享"这五大发展理念，是'十三五'乃至更长时期我国发展思路、发展方向、发展着力点的集中体现，也是改革开放30多年来我国发展经验的集中体现，反映出我们党对我国发展规律的新认识"。贯彻落实这五大发展理念，实现深刻变革，必须依靠党领导人民努力奋斗，依靠社会主义基本制度优势，必须充分发挥国有企业的主导作用。在2016年7月的全国国有企业改革座谈会上，习近平总书记强调，国有企业是壮大国家综合实力、保障人民共同利益的重要力量，必须理直气壮做强做优做大，不断增强活力、影响力、控制力、抗风险能力，实现国有资产保值增值。由此可见，国有企业改革发展与五大发展理念关系紧密，相辅相成，国有企业的深化改革和健康发展是五大发展理念在经济社会中能够贯彻实施的重要保障，五大发展理念则是国有企业改革发展的思想方针和行动指南。

一、创新是国有企业改革发展的根本动力

　　创新是人类特有的认识能力和实践能力，是人类主观能动性的高级表现形式，是推动民族进步和社会发展的不竭动力。习近平总书记曾多次指出，创新是一个民族进步的灵魂，是一个国家兴旺发达的不竭源泉，也是中华民族最鲜明的民族禀赋。实施创新驱动发展战略决定着中华民族的前途和命运。我国的经济发展要突破瓶颈、解决深层次的矛盾和问题，其根本出路在于创新，而创新的关键是要靠科技力量，实施科技创新驱动发展战略，着力增强创新驱动发展新动力，提高自主创新能力。科技创新是全面创新的引领，是先进生产力的基因。新时代已经使科技创新社会化，由过去的主要依靠个人发明创造变为主要由集体化、社会化的研究与开发，尽

快向现实生产力的转化。其特点是：重大科技创新活动更多地带有团队性、高端平台性、学科间的渗透融合性，以及它与经济的紧密联系性、快速转化性。在此过程中，国有企业作为国民经济的骨干与主导力量、重要的创新主体和国家创新体系不可或缺的组成部分，无疑肩负着不可推卸的重大责任和历史使命。

近年来，越来越多的国有企业把转型升级放在更加突出的地位，意识到创新驱动是其提高发展质量和效益的根本，坚持以科技创新战略为引领，健全和完善科技创新体系，探索和构建有效的创新机制与模式，以创新求发展，以创新求实力，创新能力明显增强。然而，当前仍存在一些阻碍国有企业提高创新能力的制约因素，国有企业创新驱动、转型发展的效果并不理想，主要表现在以下几点：一是国有企业市场竞争意识不强，创新原动力不足，一些政府部门和国有企业对科技研发对企业的深远影响认识不够长远，片面追求短期利润，压缩科研经费，为企业的长远发展埋下了隐患；二是创新人才尤其是领军人才的缺失与流失，人才是企业创新的基础，但许多国有企业面临人才匮乏和人才流失的困境，尤其缺乏引领企业取得关键性技术突破，或将新兴科技成果产业化的领军人才；三是利用国际科技资源的政策与环境不完善，资源性生产要素价格扭曲和不健全的市场机制等。

创新是推动发展的第一动力。在国际竞争日益激烈和我国发展动力转换的新形势下，把创新放在更加突出位置，坚定不移地实施创新驱动发展战略，是国有企业持续发展之基、市场制胜之道。要实现国有企业体制机制和发展方式的重大转变，其根本是要把激发创新活力作为引领发展的第一动力，进一步健全和完善有利于企业转变经营模式、商业模式、经济发展方式的体制和机制，调整优化企业经营结构，提升企业核心竞争力，只有实现产业、产能从中低端到中高端的提升，才能在激烈的市场竞争中开辟更为广阔的发展空间。

二、协调是国有企业改革发展的内在要求

协调是客观事物发展内部各个部分及其相互关系的一种平衡和谐状态。党的十八届五中全会提出，协调是持续健康发展的内在要求的新理念，注重的是解决发展不平衡问题。习近平总书记要求注重发展的统筹和协调，并深刻指出，唯物辩证法认为，事物是普遍联系的，事物及事物各要素之间相互影响、相互制约，整个世界是相互联系的整体，也是相互作用的系统。经济社会发展的整体协调，是生产社会化规律的客观要求，也是社会主义优越性的体现。从生产力发展特点看，小协调产生小生产力，大协调产生大生产力，全国整体协调产生巨大生产力，并且能从发展短板中发掘新潜力。以公有制为基础的社会主义经济制度，消除了资本主义基本矛盾，彰显协调发展的整体性，缔造了共同富裕的基石。在中国社会主义发展的初级阶段，公有制占主体地位，国有经济是公有制的高级形式和主干，它在经济整体发展中起主导作用，如果把中国经济比作一盘象棋，那么国有企业则承担"车马炮"的角色。

国有企业改革发展虽然都已取得令人振奋的阶段性成果，但由于国有企业长期积累的矛盾难以在短时间内完全解决，加上当前面临的经济形势日益复杂，随着国有企业的改革和发展，一些深层次的矛盾和问题进一步显现出来，主要表现在：一是国有企业布局和结构优化问题，国有企业分布的行业较广，但缺乏具有国际竞争力的大公司、大企业；二是国有企业的经营效率与民营企业相比，资本效率仍低于民营企业的平均水平。

在经济新常态下，为促进国有企业的全面协调发展，要更加注

重发展的整体效能，不断增强发展的整体性。一要充分发挥市场在资源配置中的决定性作用，提高资源配置效率和运营能力，更加合理地进行产业布局、产能布局，使企业的各种要素能够有序自由地流动。二要优化国有资本布局结构。通过优化存量，提升国有资本效率；通过引导增量，提供有效供给；通过主动减量特别是处置"僵尸"企业，消除空壳公司，处理低效无效资产，去除低效无效供给。推动国有资本向重要行业、关键领域、重点基础设施集中，向战略性新兴产业集中，向产业链关键环节和价值链高端环节集中，向具有核心竞争力的优势企业集中。三要优化国有企业股权结构。根据国有企业功能作用、战略定位、布局调整和发展阶段，确定合适的企业国有股权比例；加强国有独资企业与中央企业，兄弟省市、区县国有企业深度合作，推动国有股权多元化，以增强活力效率为重点，不断完善现代企业制度；稳妥有序推进混合所有制改革，通过资本运作，推动资产证券化，实现国有资产价值最大化。四要优化国有企业产业产品结构；引导企业战略转型，由产业链价

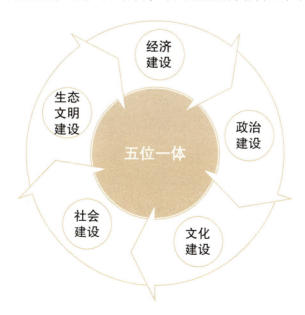

值链低端，向产业链价值链中高端转变，把着力点放在产业链重整、价值链重构上，推动技术、产品、产业层级升级，不断增强企业盈利能力；培育战略性新兴产业，应用新技术新工艺新材料推动产品升级，提高产品质量和附加值，增加有效供给等。

三、绿色是国有企业改革发展的精髓要义

绿色是大自然中最常见的一种颜色，用来象征经济社会发展的一种状态，蕴含自然、环保、成长、生机和可持续等象征意义。绿色是人与自然关系互动共生的内在要求和必然结果。在人类追求工业化、现代化的进程中，自然资源的有限性与人类需求的无限性已然构成一对尖锐矛盾。只有实现人与自然的和解，才能保证自然界与人类社会的和谐与统一，保证当代人的生活质量并维系人类社会的永续发展。"坚持绿色发展，必须坚持节约资源和保护环境的基本国策，坚持可持续发展，坚定走生产发展、生活富裕、生态良好的文明发展道路，加快建设资源节约型、环境友好型社会，形成人与自然和谐发展现代化建设新格局，推进美丽中国建设，为全球生态安全作出新贡献。"十八届五中全会从"五位一体"的整体布局出发，把绿色发展理念摆在突出位置，具有鲜明的时代特色和针对性，对纠正"唯GDP"式粗放型发展具有重大作用。

在快车道上驰骋了几十年的中国经济社会列车，相伴而来的还有雾霾频发、城市拥堵、河流污染、湖泊萎缩、生态脆弱等危机。如果不能引起足够重视，这些危机将越来越成为制约发展质量提升、实现可持续发展的瓶颈。长期以来，国有企业积极履行肩负的责任，为生态文明建设做出了不容否定的贡献。但我们也必须看到，目前部分国有企业仍处在产业链的低端，仍在延续"高投入、高消耗、低效益"的粗放型发展模式。

面对资源约束趋紧、环境污染严重、生态系统退化的严峻形势，我们必须正确处理好经济发展同生态环境保护的关系，树立尊重自然、顺应自然、保护自然的生态文明理念，要坚定不移走绿色、低碳、循环发展之路，把生态文明建设贯穿企业发展全过程，加快资源节约型、环境友好型企业建设，推动形成绿色发展方式。随着生态环境保护和资源节约制度的完善，执法力度的加强，对节能环保设备、技术、产品的需求会不断增长，会带动相关产业成为经济增长新亮点。这都要求国有企业在激烈的市场竞争中，一方面要进一步强化绿色发展理念，切实增强降本增效、与社会与自然和谐发展的意识，另一方面要在推动低碳循环发展，建设清洁低碳、安全高效的现代能源体系中发挥重要作用，做负责任有担当的典范。

四、开放是国有企业改革发展的必由之路

开放是客观事物内部吸纳外部因素，改善和优化自身结构，提高机体生命力的一种内外联动过程。当今时代，中国的发展离不开世界，世界的发展离不开中国。习近平总书记指出，世界繁荣稳定是中国的机遇，中国发展也是世界的机遇。和平发展道路能不能走得通，很大程度上要看我们能不能把世界的机遇转变为中国的机遇，把中国的机遇转变为世界的机遇，在中国与世界各国良性互动、互利共赢中开拓前进。党的十八届五中全会提出的开放发展的新理念，注重的是解决发展内外联动问题。"十三五"规划纲要提出要发展更高层次的开放型经济，实际上是顺应中国经济深度融入世界经济的趋势，主动作为、积极作为。

开放是国有企业在全球范围内配置资源、开拓市场、参与竞争的强劲带动力。要充分发挥国有企业"走出去"的骨干和带动作

用，实行更加积极的开放战略，积极参与更高层次的开放型经济。加强国际化运营管理，深入开展与世界一流企业对标，健全专业化国际经营发展管理体系，完善国际化经营发展体制机制，加大境外资产监管力度，提升国际化运营能力。优化国际项目布局，主动参与国家"一带一路"倡议，进一步完善国际优先发展战略，实现"引进来"与"走出去"相融合，努力形成与世界各国深度融合的互利合作格局，积极参与全球经济治理和公共产品供给，为经济全球化以及各个国家互利共赢发展新格局的形成发挥重要作用。

五、共享是国有企业改革发展的根本目标

人民群众是历史的创造者，是一切社会实践活动的主体，是经济建设和社会发展成果的共享者。习近平总书记强调，消除贫困、改善民生、实现共同富裕，是社会主义的本质要求。生活在我们伟大祖国和伟大时代的中国人民，共同享有人生出彩的机会，共同享有梦想成真的机会，共同享有同祖国和时代一起成长与进步的机会。

共享发展的理念，注重的是解决社会公平正义问题。改革开放以来，人民群众的生活水平不断提高，从解决温饱问题到实现总体小康，现在正朝着全面建成小康的目标迈进。但是，分配收入差距过大，教育、就业、社会保障等领域不公平的现象依然突出。这些问题如果长期得不到解决，就会影响人民群众的积极性、主动性和创造性。党的十八届五中全会坚持人民主体性，从观念和制度两个层面做出庄严承诺，必须坚持发展为了人民、发展依靠人民、发展成果由人民共享，做出更有效的制度安排，使全体人民在共建共享中有更多获得感，增强发展动力，增进人民团结，朝着共同富裕方向稳步前进。

共享是社会主义的本质要求。国有企业是"共享发展"的重要牵动机。社会主义初级阶段是社会主义性质"分量"不断发育增长的历史时段,"共享发展"就是这种发育的体现。要坚持发展为了人民、发展依靠人民、发展成果由人民共享,认真履行国有企业肩负的经济责任、政治责任、社会责任。努力向开拓市场要效益,向降低成本要效益,向加强管理要效益,向协同发展要效益,在与利益相关方的合作中实现互利共赢,确保实现国有资产保值增值。做好精准扶贫和对口支援,按照产业拉动和扶贫帮困同步、促进发展和改善民生并重的思路,推进贫困地区对口支援和扶贫,抓好项目扶贫。进一步提升民主管理水平,健全科学的工资增长机制、支付保障机制,尊重职工群众的首创精神,保护职工群众合法权益,实现企业与职工共同发展,多渠道建立职工成长平台和通道,增强职工的企业归属感。

参考文献

[1] 习近平.关于《中共中央关于制定国民经济和社会发展第十三个五年规划的建议》的说明 [N].人民日报,2015-11-04

[2] 中国华能集团公司党组.以五大发展理念统领国企做强做优做大 [J].现代国企研究,2016(3)

[3] 杨承训,杨承谕.落实五大理念必须发挥和扩展国企优势——"十三五"期间国有企业发展问题研究 [J].毛泽东邓小平理论研究,2016(1)

[4] 晏志勇.强化五大发展理念 建设世界一流企业.中国电力企业联合会网站 http://www.cec.org.cn/yaowenkuaidi/2016-01-08/147797.html,2016-01-08

[5] 李政.国有企业提高自主创新能力的制约因素与驱动机制 [J].教

育科学文摘，2013（6）

[6] 杨军.促进生态文明建设是国有企业的重要责任 [J].中外能源，2013（5）

[7] 阮金纯.深刻认识五大发展理念.http：//www.cssn.cn/mkszy/mkszyzgh/201602/t20160205_2861114.shtml 中国社会科学网，2016-02-05

思考题

1.怎样理解国有企业改革发展与五大发展理念之间的关系？

2.国有企业如何在改革发展中践行五大发展理念？

第三章

国有企业改革与创新驱动发展

从全球范围看，科学技术越来越成为推动经济社会发展的主要力量，创新驱动是大势所趋。大力推进国有企业实施创新驱动发展战略，主动适应新常态，有利于国有企业实现产业转型升级，有利于国有资产保值增值，有利于放大国有资本功能，促进国有企业在创新型国家建设中发挥骨干带头作用。目前，广西国资国企改革体系已基本形成，一系列重大改革举措陆续启动，健全现代企业制度、优化产业结构、完善国有资产监管体制、推进创新驱动发展战略实施等取得了积极进展。下一步，广西国有企业创新驱动发展的总体思路是：优化国有企业产业布局，加强技术攻关突破，创新企业发展模式，推进产业转型升级，完善自主创新体系，借力区域技术合作，实现创新驱动发展。

一、创新驱动发展战略在国有企业改革发展中的重大意义

党的十八大做出了实施创新驱动发展战略的重大部署，习近平总书记在系列重要讲话中，深刻论述了实施创新驱动战略的重大意义，指出："科技是国家强盛之基，创新是民族进步之魂"。"科技创新是提高社会生产力和综合国力的战略支撑，必须摆在国家发展全局的核心位置。""最重要的是要坚定不移走中国特色自主创新道路……我国科技发展的方向就是创新、创新、再创新……加快创新型国家建设步伐"。"从全球范围看，科学技术越来越成为推动经济社会发展的主要力量，创新驱动是大势所趋。国际经济竞争甚至是综合国力竞争，说到底就是创新能力的竞争。""从国内看，创新驱动是形势所迫。""必须增强忧患意识，紧紧抓住和用好新一轮科技革命和产业变革的机遇，不能等待、不能观望、不能懈怠。"同时，习近平总书记指出，要坚定不移深化国有企业改革，着力创新体制机制，加快建立现代企业制度，发挥国有企业各类人才积极性、主动性、创造性，激发各类要素活力，要按照创新、协调、绿色、开放、共享的发展理念的要求，推进结构调整、创新发展、布局优化，使国有企业在供给侧结构性改革中发挥带动作用。

国有企业是党和国家事业发展的重要物质基础和政治基础，为推动发展、改善民生、提升国家综合实力做出了重大贡献。近年来，经济发展进入新常态，经济运行外部环境复杂多变，国际国内经济下行压力较大，改革成效尚未完全显现，部分行业产能过剩问题更加突出，给国有企业转型发展带来了较大挑战，受各种因素影响，国有企业发展出现了总体利润下滑、亏损增多、创新人才短缺、自主知识产权产品少、创新环境不完善、创新动力不足等问题。

因此，要充分认识深化国有企业改革的重要性、紧迫性，准确

把握和认真落实党中央、国务院关于国有企业改革和发展的有关精神与部署，大力实施创新驱动发展战略，主动适应新常态，优化国有资本布局结构，加大信息化与工业化深度融合的力度，加大传统产业技术改造升级力度，加大战略新兴产业培育和发展力度，推动国有企业实现产业转型升级；进一步突出国有企业技术创新的主体地位，增强自主创新能力，让大多数还属于传统产业的国有企业在技术、装备、产品等方面跟上高新技术的发展，提高经济效益，形成新的经济增长点和驱动力，促进国有企业实现国有资本保值增值；在全面提升国有企业核心竞争力的同时，努力培育国有企业的市场竞争力，提高国有经济竞争力，放大国有资本功能，促进国有企业在创新型国家建设中发挥骨干带头作用。

二、广西国有企业实施创新驱动发展战略的实践

截至 2016 年 12 月，广西国资系统国有企业 232 户，资产总额、所有者权益、营业收入、利润总额、应缴税费分别为 25367 亿元、7864 亿元、5707 亿元、164 亿元、231 亿元，同比分别增长 19.85%、11.97%、15.98%、13.58%、14.31%。其中，48 户企业资产总额超 100 亿元、48 户企业资产总额增加额超 10 亿元。广西国有企业主要分布在冶金、机械、电力、建筑、交通运输、社会服务、金融、房地产等领域，占国有资产总额的 91.87%。目前，广西国有企业国资改革体系已基本形成，重大改革举措陆续启动，健全现代企业制度、优化布局结构、完善国资监管体制、推进创新驱动发展战略实施等改革取得了积极进展。

改革开放以来，通过政企分开、事企分开、科研院所转制等为内容的科技体制改革和集团化经营，广西国有企业的技术创新能力得到了不断解放和发展。虽然，同期外资企业和民营企业的技术创

新能力和水平在快速增长，国有企业仍然占据了广西技术创新的"半壁江山"，主要体现在广西大量高新技术企业、创新型企业等属于国有企业（国有控股），工程技术研究中心、重点实验室、广西院士工作站、企业博士后科研工作站和科研流动站等国家、行业的高水平科研创新基地（平台）绝大多数设在国有企业，并凝聚了一大批科研创新人才及团队。截至 2016 年底，属于国有企业或国有控股的高新技术企业、创新型企业的比例均超过广西同类企业一半以上，广西柳工机械股份有限公司、柳州欧维姆股份有限公司、中国化工橡胶桂林有限公司、桂林橡胶机械厂等广西仅有的 4 家国家级创新型企业全部是国有大型企业；广西国有企业现有工程技术研究中心 96 家、重点实验室 7 家、广西院士工作站 21 家、企业博士后科研工作站和科研流动站 36 家。

一流的创新平台、一流的科研人才，使得国有企业在广西创新驱动发展中成绩斐然，涌现出一批知名企业和著名品牌。例如，广西柳工集团有限公司（简称柳工集团）是国有资产授权经营方式组建的国有独资企业，创建于 1958 年，核心企业广西柳工机械股份有

扩展阅读小链接

习近平在广西考察时强调：扎实推动经济社会持续健康发展

一个国家一定要有正确的战略选择，我国是个大国，必须发展实体经济，不断推进工业现代化、提高制造业水平，不能脱实向虚。创新是引领发展的第一动力，要加强知识、人才积累，不断突破难题、攀登高峰，国有企业要做落实新发展理念的排头兵、做创新驱动发展的排头兵、做实施国家重大战略的排头兵。

来源：新华社

限公司于1993年改制上市，是该行业和广西的第一家上市公司。柳工集团现有全资及合资子企业16家，总资产近290亿元，集团总部及下属控股子公司现有员工1.3万人。柳工集团先后荣获中国500强企业、中国机械工业100强、中国制造业企业500强、世界工程机械50强企业等称号。拥有全球领先的生产线，涉及挖掘机械、推土运输机械、起重机械、工业车辆等13大类产品品种，32种整机产品线。其中，柳工牌装载机是中国第一品牌，装载机产品销售收入多年持续保持国内行业第一；预应力锚具、桥梁拉索及旋挖钻机、液压连续墙抓斗等产品连续多年居于行业前列；挖掘机产品进入国内民族挖掘机品牌前列。

近年来，在制造行业持续低迷的情况下，柳工集团坚持以创新谋发展，相继落成了国家土方机械工程技术研究中心和柳工全球研发中心，目前拥有以外籍专家、"八桂学者"、"特聘专家"、"柳工科学家"领衔的前瞻性全球研发团队1000多人，其中外籍人员150多人、博士硕士研究生300多人，通过汇聚全球创新资源，创立了基于全球市场需要的技术和产品研发流程（LDP流程），不仅在国内设立产品线研究院，还在波兰、印度、英国、美国等国家设立产品和技术研究所，走以自主开发为主、多种合作开发辅助的创新发展模式，构筑起强大的国际化研发平台，并紧紧围绕国家和广西重大战略部署，完成了在"一带一路"沿线国家的战略布点，成为广西参与"一带一路"建设的领先企业，国际国内市场占有率逐年提高，成为国内首家荣获"亚洲质量卓越奖"的工程机械企业。2017年初，柳工集团一举扭转自2012年2月以来连续55个月产值不断下滑的趋势，实现产值累计增速正增长。当前，柳工集团正努力推动"柳州制造"向"柳州智造"转变，始终坚持走在变革创新的前沿，创新驱动发展。

在2017年全国知识产权宣传周广西活动启动仪式上，广西壮族自治区知识产权发展研究中心、广东中策知识产权研究院联合发布了《2017年度广西企业专利技术创新100强》。前20强中，国有企业（国有控股）占60%，充分说明国有企业创新驱动发展已经涌现出"你争我赶、竞相追逐"的良好氛围。以上种种数据表明，国有企业过去和现在都一直是广西创新驱动发展的主力军，未来必将继续发挥主导作用。

但我们也要看到，广西国有企业仍然存在创新投入不足、产品科技含量不高、创新人才匮乏等问题，不少传统产业在国内外价格倒挂形成压制的情况下，企业发展举步维艰。因此，在当前经济增长处于新旧动力切换时期，科技创新对经济转型升级的支撑和引领作用愈发显著，创新驱动已然成为推动企业升级、经济发展的新引擎，是实现经济增长的必由途径。

三、广西国有企业进一步实施创新驱动发展战略的总体思路

2016年9月21日，广西创新驱动发展大会发布《中共广西壮族自治区委员会　广西壮族自治区人民政府关于实施创新驱动发展战略的决定》，是广西实施创新驱动发展战略的纲领性文件，为推进广西国有企业创新驱动发展指明了方向。

下一步广西国有企业进一步实施创新驱动发展战略的总体思路是：优化国有企业产业布局，加强技术攻关突破，创新企业发展模式，推进产业转型升级，完善自主创新体系，借力区域技术合作，实现创新驱动发展。

（一）优化国有企业产业布局

优先支持发展汽车、先进制造等带动作用大、产业链条长的产业。以提升企业核心竞争力为目标，推进科技创新和管理创新，加快发展核心主业；以打造高端产业的高端环节为基础，有效带动其他资本和相关产业，形成产业集聚发展优势，打造在国内外同行业具有竞争力和影响力的大型企业集团。支持钢铁、化工、机械、制糖、交通等传统产业优化升级，向价值链、产业链高端发展，培育充满活力的特色产业集群，提升综合素质和竞争优势。积极支持国有企业投资发展战略性新兴产业，重点发展新能源、新能源汽车、高端装备制造、电子信息技术、生物医药、节能环保、新材料以及文化旅游等产业。选择最有基础和条件的领域为切入点，推进科技和资本的有效融合，以关键技术研发和装备研制带动重点领域突破，加快科研成果产业化步伐，努力打造未来的先导性、支柱性产业。

（二）加强技术攻关突破

国有企业的长期竞争优势和可持续发展的实现，最为关键的是企业要有自主创新的核心能力。广西国有企业应当以提高自主创新能力作为企业发展的战略基点，努力成为具有持续创新能力、拥有自主知识产权和自有知名品牌或服务占较大比重的创新型企业。在石墨烯、北斗导航、智慧城市、机器人、生物医药、海洋工程装备等领域，要加强行业前瞻性和控制性技术研发，特别是对新能源汽车、智能化机电装备技术、新一代信息网络技术等关键技术的突破性研发；在广西优势特色农业、林业领域加大科技成果转化、农林业先进适用技术攻关，提升企业自主创新能力；支持国有企业主动承接国家和自治区重大专项、科技计划、战略性新兴产业领域产业化项目，增强自主创新能力，提升企业核心竞争力，做强做优做大。

（三）创新企业发展模式

商业模式创新是实现企业转型升级的重要内容，是企业可持续发展的必然要求。广西国有企业必须高度重视商业模式创新，积极推进企业转变经营模式，改进和完善内部控制机制，增强盈利能力。要在产品、服务、组织、技术、品牌、资本等全要素的竞争中寻找契机，建立产业链中的优势价值链。着力进行产品结构和服务结构的调整，实现由"产品制造商"向"系统解决方案供应商"的转型，由"卖产品"向"卖服务"的转型，由"传统产业"向"战略性新兴产业"的转型，由"本土型企业"向"全球性企业"的转型。要充分利用信息化和网络化，依托"互联网+"，建立资源、制造、营销服务及其相互协同的新型商业平台，构建集团组织结构的优化机制，汇聚全社会创新力量，通过生产方式和管理模式变革，使国有企业创造活力迸发、创新能力倍增。

（四）推进产业转型升级

国有企业提高自身竞争力，实现可持续发展必须要走绿色发展之路，通过创新驱动绿色发展引领产业转型升级。一是要通过绿色创新，促进产业结构调整，布局低碳、环保、循环再利用等领域，支撑企业进入绿色产业；二是要通过绿色创新，积极实施节能减排重点工程，加强节能减排技术创新和推广应用，注重绿色低碳和节能减排技术储备，推动淘汰落后产能，实现生产经营过程的绿色化；三是要通过绿色创新，调整产品和服务结构，健全能源循环利用产业链，生产绿色产品，提供绿色服务，促进消费者和顾客消费的绿色化。

（五）完善自主创新体系

建立完善企业自主创新体系和长效机制，一是要持续加大科技研发和自主创新的投入力度。通过建立企业研发专项资金制度要逐步提高研发经费占主营业务收入的比重，增强企业研发能力，形成科技研发投入持续稳定增长的长效机制。二是要加强科技创新人才队伍建设。加强创新人才的培养、激励和继续教育，创新体制机制，探索设立灵活的聘用制岗位，大力引进国内外高层次科技人才，着力造就高水平的研发团队。三是加强研发机构建设。企业内部要建立健全研发机构，明确企业内部各层次之间的创新职责和分工；结合广西开展的重大科技创新基地建设，鼓励国有企业与科研院所、大学等机构合作，大力发展以国有企业为主体的产学研联盟。四是建立企业内部创新激励机制。加强对自主创新能力的考核，将研发投入、研发机构建设、研发成果转化等逐步纳入企业负责人经营业绩考核范围。探索各种行之有效的激励方式，加大对科技骨干人才的激励力度，推进技术要素按贡献参与分配的制度建设。

（六）借力区域技术合作

经济技术合作是突破自身力量限制进而推进技术进步的重要途径，是创新驱动战略的重要组成部分。加快形成新的增长动力，国有企业要围绕国家和广西重大战略深入开展经济技术合作，特别是要用好"一带一路"建设所提供的平台和政策，与国内各省区以及东盟各国全面开展合作攻关、技术转让和服务、对等交流等经济技术合作，以推进广西经济社会的创新发展。鼓励收购创新资源和境外研发中心，支持企业加快经营模式创新和业态转型，实现"互利双赢"。

参考文献

[1] 中国企业创新发展研究基地，上海财经大学500强企业研究中心.国有企业改革与创新发展研究报告 [M].上海：上海财经大学出版社，2016

[2] 辜胜阻，韩龙艳，何峥.供给侧改革需加快推进国企创新驱动战略——来自于央企的调查研究 [J].湖北社会科学，2016（7）

[3] 沈川人.论国有企业发挥创新关键主体作用——基于创新驱动发展战略 [J].现代商业，2016（15）

[4] 李政."国企争议"与国有企业创新驱动转型发展 [J].学习与探索，2012（11）

[5] 周景勤，欧阳新年.北京市属国有企业创新驱动发展的思考 [J].北京市经济管理干部学院学报，2013（4）

[6] 蔡铃钰.浅谈国有企业创新驱动转型发展.经济管理者，2016（8）

[7] 中共中央文献研究室.习近平关于科技创新论述摘编 [M].北京：中央文献出版社，2016

思考题

1.创新驱动在国有企业发展中有哪些作用？

2.广西国有企业实施创新驱动发展战略重点要做好哪些工作？

第四章
国有资产监管体制机制改革

　　党的十八大以来，党中央、国务院对国有资产监管机制体制改革进行了科学规划和顶层设计。中共中央、国务院2015年8月24日出台的《关于深化国有企业改革的指导意见》明确提出，要"以管资本为主推进国有资产监管机构职能转变，国有资产监管机构要准确把握依法履行出资人职责的定位，科学界定国有资产出资人监管的边界"，同时还提出，"以管资本为主推进经营性国有资产统一监管"。2015年10月25日，国务院印发了《关于改革和完善国有资产管理体制的若干意见》，进一步明确了改革和完善国有资产管理体制的重点。党的十八届五中全会通过的《中共中央关于制定国民经济和社会发展第十三个五年规划的建议》则提出，"完善各类国有资产管理体制，以管资本为主加强国有资产监管，防止国有资产流失。健全国有资本合理流动机制，推进国有资本布局战略性调整，引导国有资本更多投向关系国家安全、国民经济命脉的重要行业和关键领域，坚定不移把国有企业做强做优做大，更好服务于国家战略目标"。至此，"十三五"乃至之后更长一段时期，我国国有资产监管体制机制改革的总体思路基本明确。在新常态下，对各种不同类型国有企业中的国有资产管理进行科学改革，是完善我国基本经济制度的重大举措，其改革的方向、途径和效果将对我国经济发展产生巨大而深远的影响。

一、国有资产监管体制机制改革的重大意义

国有资产监管是中国经济体制改革中的中心环节。我国宪法明确规定，我国是以公有制为主体的社会主义国家，国有资产在社会经济中占有重要地位，也正因为如此，使得国有资产监管备受人们关注。

（一）国家宏观战略部署的需要

党的十八大指出，建设社会主义市场经济，必须坚持"以公有制为主体、多种所有制经济共同发展"的基本经济制度，必须坚持"两个毫不动摇"的基本方针。党的十八届三中全会提出了完善国有资产管理体制，以管资本为主加强国有资产监管的改革目标。随着我国多种所有制经济的相互补充和共同发展的趋势越来越明显，国有企业法人治理机制更趋合理、综合竞争实力更趋强大，这些因素都对国有资产监管模式提出了更高要求。

（二）实现"两个建成"目标的需要

广西国有资产总量相对较大，主要分布在冶金、机械、电力、建筑、交通运输、社会服务、金融、房地产等领域，占国有资产总额的91.87%。至2016年底，广西国资系统国有企业累计实现营业

收入 5706 亿元，同比增长 15.98%；累计实现利润总额 164 亿元，同比增长 13.58%。其中，广西国资委监管的广西直属国有企业实现营业收入 4502.82 亿元，同比增长 18.38%；实现利润总额 108.48 亿元，同比增长 42.55%。可见，国有资产直接影响到广西改革开放和"两个建成"目标实现的进程。

（三）推进"一带一路"建设的需要

广西南临北部湾，面向东南亚，西南与越南毗邻，东邻粤、港、澳，北连华中，背靠大西南。广西周边与广东、湖南、贵州、云南等省接壤，是中国与东盟之间唯一既有陆地接壤又有海上通道的省区，是承接国家"一带一路"发展战略的重要门户。广西国有企业经过十余年的快速发展，逐步从小而散的格局向大而全、精而强的新格局转变，形成了在全国具有较强影响力的国资体系。新形势下，随着国资国企改革不断推进，如何实现国有资产有效监管已经成为最紧迫、最具挑战性的现实问题。

二、广西加强国有资产监管体制改革的实践

（一）广西国有资产监管体制改革进程

改革开放前，我国国有资产监管体制实行的是高度集中统一的计划经济体制。改革开放后，随着国资国企管理体制改革的进展，广西在国资国企改革方面进行了积极的探索。大致可以分为尝试、起步、探索、推进和深入五个阶段。

1.尝试阶段（1978—1984 年）。党的十一届三中全会明确提出了"让地方和工农业企业在国家统一计划的指导下，有更多的经营管理自主权"的指导思想，中央有组织地自上而下出台了"简政放

权""减税让利"等一系列改革措施，将企业日常经营决策权、国家计划外产品销售权等权力下放给了企业，并通过利润留成、利改税，使企业由国家统负盈亏向一定程度的市场化迈出了第一步。在此阶段，国有企业经营自主权扩大，利润实现包干，企业生产经营积极性得到调动，国有企业经营活力有所增强。

2.起步阶段（1985—1992年）。党的十二届三中全会明确提出了企业的所有权和经营权适当分离（即两权分离）的改革思路，突破了把全民所有制同国家机构直接经营混为一谈的传统观念（即政企分开）。1988年，国家决定成立国家国有资产管理局，把国有资产的产权管理职能从政府的行政管理职能和一般经济管理职能中分离出来，统一归口形成国有资产所有权的管理职能。这标志着我国国有资产监管体制改革，在政府层面上将社会经济管理职能与国有资产管理职能分开方面开始起步。

3.探索阶段（1993—2003年）。党的十四大明确提出了我国经济体制改革的目标是建立社会主义市场经济体制。党的十四届三中全会第一次明确提出"出资者所有权与企业法人财产权"分离的概念，为国有企业的股份制改革奠定了基础。1999年，党的十五届四中全会进一步提出"国家所有、分级管理、授权经营、分工监督"的重要思想，使我国的国有资产监管体制改革进入更深层次的探索阶段。

4.推进阶段（2004—2008年）。党的十六大提出"坚持国家所有的前提下，中央政府和地方政府分别代表国家履行出资人职责，享有所有者权益，管资产和管人管事相统一，权利、义务和责任相结合"的指导思想，为国有资产监管体制改革的进一步深入和新的国有资产监管体制的初步构建指明了方向和原则。2004年，广西壮族自治区成立广西壮族自治区人民政府国有资产监督管理委员会（简称"广西国资委"），以《自治区党委办公厅、自治区人民政府办公厅关于在机构改革中加强国有资产管理的通知》（桂办发〔2004〕2号）、《广西壮族自治区党委、自治区人民政府关于加快企业国有产权改革的意见》（桂发〔2004〕17号）、《广西壮族自治区党委、自治区人民政府关于进一步加快政企分开的意见》（桂发〔2004〕18号）为标志，广西大力推进新的国有资产监管体制改革。2007年1月1日，广西壮族自治区人民政府第19号令《广西壮族自治区实施〈企业国有资产监督管理暂行条例〉办法》施行，自治区及14个市国有资产监管组织体系、法规体系和责任体系基本建立。

5.深入阶段（2008年至今）。2008年，国家出台了《中华人民共和国企业国有资产法》，我国从法律层面进一步加强了对国有资产的保护，明确了国有资产监管的各项基本制度。随着国家国有资本经营预算制度的确立和实施，2008年广西壮族自治区人民政府发布了《广西壮族自治区人民政府关于试行国有资本经营预算的意见》（桂政发〔2008〕35号），构建了以财政部门为国有资本经营预算的主管部门，以国有资产监管机构和其他具有国有企业监管职能的部门和单位为国有资本经营预算单位的基本框架，明确了有关部门的职责分工。国资委为真正行使股东权益，2009年增设了国有资本预算管理部门并明确了相关职责。2014年，广西壮族自治区党委、人民政府印发《关于全面深化我区国资国企改革的意见》（桂发〔2014〕16号），对全面深化广西国资国企改革做出顶层设计和制度性安排，为进一步推动广西经济体制改革奠定基础。2016年广西壮族自治区人民政府办公厅发布了《关于改革和完善国有资产管理体制的实施意见》（桂政办发〔2016〕71号），进一步明确了广西国有资产监管体制改革的方向。

目前，国有资产监管体制框架逐步完善，监管企业业绩考核及薪酬管理体制、投资管理和风险管控机制、企业法律顾问制度、董事会试点和外派监事会等工作得到加强，区、市、县国有资产工作大格局初步确立，国有企业改革不断深化，国有经济的活力、控制力、影响力进一步增强。

（二）广西国有资产监管体制改革取得的成效

十多年来，广西各级国资委和监管企业在国有资产监管和国有企业改革方面做了大量工作，取得了显著成绩。广西国有资产监管体制进一步完善，广西国有经济和国有企业取得了长足的发展，这是国有资产监管体制改革的必然结果，是广西国资系统在广西壮族自治区党委、政府领导下和国务院国资委的指导下，围绕经济建设中心和工作大局，开拓创新，积极进取的结果。

1.广西国资委监管企业运行成效显著。一是资产规模不断扩大。至2016年末，广西国资系统国有企业（不包括信用社）资产总额为25367亿元，同比增长19.85%；其中，广西国资委管理国有企业资产总额11543亿元，同比增长16.59%。广西国资系统国有企业中48户企业资产总额超100亿元，48户企业资产总额增加额超10亿元。二是营业收入稳步提高。全年广西国资系统国有企业累计实现营业收入5707亿元，同比增长15.98%；其中，广西国资委管理国有企业实现营业收入4503亿元，同比增长18.38%。三是经济效益较好。全年广西国资系统国有企业累计实现利润总额164亿元，同比增长13.58%。其中，广西国资委管理国有企业实现利润总额108.48亿元，同比增长42.55%。

2.国有企业的发展成果共享，使广西统筹城乡改革，推动非公有制、中小型和微型企业发展有了新的资金来源和带动力量。一是支持欠发达地区，仅由财政补贴是不够的。通过国有企业输送生产力要素，帮助支持石漠化地区基础设施建设、民生工程，解决了产业空虚等问题。二是支持非公有制企业入股和参与国有企业改革，形成"国民同进"的发展新机制。三是地方国有金融企业和以国资主导建立的担保公司、租赁公司，有效地解决了中小型企业融资难的问题。

3.国有企业的市场化托盘，使政府在打造发展硬环境、处理市场等急难问题中，有了新的载体和经济支撑。一是承担了高速公路、轨道交通等经济发展硬环境建设的高额投入。二是采取由国有企业先出资解决矛盾，再通过集团运作加上政府的财税减免等政策平衡资金缺口的方式，解决了一大批历史遗留且影响社会稳定的问题。

4.通过国有企业代表政府意图，以市场机制推动，使政府在培育、规范和建设现代市场体系上有了新的方式和路子。一是在市场风险大的经济领域，实现了国有企业先投先试，如广西投资集团、金融集团、交通投资集团、机场集团、北部湾投资集团、北部湾港务集团、柳工集团、广西广电网络公司等一大批国有企业成为广西扩大开放的重要平台。截至2016年底，广西直属企业中已有12户企业开展境外投资、对外合作业务，在23个国家和地区有合作项目，在140多个国家设立经销机构，境外总资产达275.91亿元，2016年实现营业收入276.6亿元，利润4.52亿元。二是以广西金融投资集团、北部湾产权交易所集团股份有限公司等国有企业作为平台，推进建立了公平有序的市场竞争环境。

（三）广西国资监管体制改革存在的主要问题

广西国资委成立以来，广西各级国资监管机构顺应国际国内发展趋势，抓住机遇、勇于创新，使国有资产监管体制改革在理论上有了新的突破，实践上取得了新的成效。但我们也要看到，一些制约广西国有资产监管体制改革的深层次问题和矛盾仍未从根本上解决，任务仍然十分艰巨，主要表现在：

1.现行国有资产管理体制下，由于国有资产出资人职责集中，事务繁杂，管理面宽泛，而本身办事人员又相对不足，导致一些管理制度、规定和职能"空转"，客观上又造成"管不到位"的问题。

2.国有资本单打独斗、自主发展的成分较多，与外资、民资的融合度不够，带动力有待提高。广西直属企业一级层面上大多为国有独资，二级、三级企业虽然有混合所有制，但国有控股一股独大的现象还比较多。大多数企业没有通过控股、参股等市场手段撬动更多的社会资源，民营资本也无法顺利进入基础设施、基础产业、公共事业等领域。这些问题都制约了国有企业发展，束缚了国有资产监管的有效性。

3.虽然国有企业在基础性、战略性、关键性领域发挥着重要的作用，但由于国有企业分类监管仍处于探索阶段，对国有企业介入领域、业务属性、目标责任、市场地位等定位和监管的精准度不够，国有资本管控仍较粗放，企业布局较散等问题依然存在。大多数国有企业仍分布在传统产业，处于产业链、价值链的中低端环节，战略性新兴产业比重不高。

4.在现代企业制度实施条件下，国有资产监管在国有企业董事会建设力度不够，选人用人、薪酬分配等机制不够完善，职业经理人制度尚未有效建立，薪酬分配方式未能充分体现市场化的要求。总体而言，国有资产监管维度还比较有限，监管手段仍比较匮乏，制度性缺陷，导致监督的独立性不够、有效性不足。

三、进一步深化广西国有资产监管体制改革的总体思路

提高广西国有资产监管的有效性，应全面贯彻落实党的十八大和十八届三中、四中、五中、六中全会精神，按照广西壮族自治区党委、政府的统一部署，顺应中国特色社会主义市场经济的一般要求和基本规律，加快推进广西国有资产监管体制机制创新，形成指导监督有效、互相支持有力、沟通协调顺畅的工作机制，推动国有资产监管重点从"管人""管事""管资产"向"管资本为主"转变，国有资产监管方式从行政手段为主、市场手段为辅向市场手段为主、行政手段为辅转变，提高国有资产监管的系统性、规范性、有效性，增强国有经济活力、控制力、影响力，实现广西国有资产监管上水平、国有企业发展上台阶。

（一）出台三类配套措施

1.法律法规类。结合国务院、国务院国资委关于国资国企改革的精神及广西壮族自治区党委、政府《关于全面深化我区国资国企改革的意见》的实施，尽快修订完善并配合出台相关工商登记、财税管理、土地变更、国有资产监管等方面的地方法规、行政规章及规范性文件，保障国资国企改革顺利进行。

2.监管改革类。加快出台国有资产管理由"管资产"向"管资本"为主转变的指导性意见，制定国有资产分类监管、集中统一管理、国有资本进退机制、国有资本补充机制等具体方案及其操作细则，及时制订国有资本投资运营公司的组建思路、运作机制、考核评价等方案。

3.混合所有制经济发展类。加快研究制定国有资本参与发展混合所有制经济的指导性意见，进一步明确具体管理办法、操作路径和监管措施，合理设置国有资本合理流动、优化组合的边界条件和

操作路径，在促进国有资本和其他资本融合发展的同时，防止国有资本流失。

（二）建立三大工作机制

1.分工协作机制。建立深化国资国企改革联席会议制度，围绕广西壮族自治区党委、政府《关于全面深化我区国资国企改革的意见》布置的工作任务以及广西壮族自治区党委全面深化改革领导小组的工作要求，严格落实相关各部门责任，各司其职，各负其责，分工协助，合力攻坚。

2.风险评估机制。国有企业改革重大事项实施或出台之前，尤其是对国有企业改制重组、产权转让、员工持股、分离企业办社会职能等涉及职工切身利益、存在社会稳定风险的改革，必须从合法性、公开性、合理性、可行性和稳定性五个方面实行社会稳定风险评估，确保改革平稳顺利进行。

3.改革创新容错机制。对法律法规规章和国家政策未规定事项，鼓励开展改革创新。相关单位和个人改革创新工作未能实现预期目标，但依照法律法规规章、国家和广西有关规定决策实施，且勤勉尽责、未牟取私利，不做负面评价，依法免除相关责任。

（三）推进四项重点工作

1.管好资本布局。国有资产监管机构围绕服务国家和广西发展战略，认真落实产业政策和重点产业布局调整总体要求，合理确定国有经济发展战略规划，制定国有资本投资负面清单，优化国有资本布局结构。坚持以市场为导向、以企业为主体，规范调整存量，科学配置增量，创新发展一批、重组整合一批、清理退出一批国有企业，推动国有资本向重要行业和关键领域、重点基础设施集中，向前瞻性战略性产业集中，向具有核心竞争力的优势企业集中，实现国有资本合理流动、保值增值。

2.规范资本运作。加强国有资本投资运营平台建设，探索投资融资、股权运作、资本整合、价值管理的市场化运作机制与方式。坚持投资与企业战略规划、综合实力和财务状况相匹配，将关系国有资产出资人权益的重大事项以及非主业、非控股、境外投资项目作为监管重点。合理确定商业类国有企业的主业范围，支持和鼓励主业属于充分竞争业务的商业类国有企业发展有竞争优势的产业，优化国有资本投向，推动国有产权流转，提高市场竞争能力；其他商业类国有企业根据不同行业特点，加大国有资本投入，在体现政府战略意图、服务和保障发展大局、完成专项任务等方面发挥更大作用。

3.提高资本回报。建立健全国有资本经营目标考核评价体系，落实国有资本保值增值责任。完善国有资本投资制度，建立投资分层分类授权管理体制、投资决策备案备查制度，完善投资前期规划和后期评估机制，建立国有企业常态化的资本注入机制。健全国有资本收益管理制度，逐步完善国有企业市场化分红机制。

4.维护资本安全。强化国有资产监督，形成全面覆盖、分工明确、协同配合、制约有力的国有资产监督体系。整合出资人监管、外派监事会监督和审计、纪检监察、巡视等监督力量，建立监督工作会商机制，综合运用强化企业内控机制建设、开展资产损失责任追究、披露企业经营信息等各种监督手段，强化对国有企业权力集中、资金密集、资源富集、资产聚集等重点部门、重点岗位和重点决策环节的监督，切实维护国有资产安全。严格落实国有企业"三重一大"集体决策制度，建立健全国有企业违法违规经营责任追究体系、国有企业重大决策失职和渎职责任追究倒查机制，严厉查处侵吞、贪污、输送、挥霍国有资产等违法违纪行为。

（四）开展五项改革试点

1.改组组建国有资本投资、运营公司。坚持统筹规划、科学设置、分类推进、先行试点、稳妥实施的原则，通过划拨现有国有企业股权、财政出资、国有资本经营预算注资、现有国有独资企业集团改造等方式组建国有资本投资、运营公司，打造国有资本市场化运作的专业平台。在广西直属企业选择1~2户企业开展试点，优先支持主业清晰、治理结构完善、风险管控机制健全、资本运作基础扎实、核心竞争力强的企业集团逐步改建为国有资本投资、运营公司，在依法授权下，以市场化方式对国有资本进行运作，推动国有资本向优势支柱产业、骨干企业、战略性新型产业聚集。

2.国有企业混合所有制改造试点。在竞争类国有企业中，选择3~5家市场前景好、核心竞争力强、公司治理规范的国有独资企业，或集团公司的二级、三级公司，通过引入增量或者转让减持的方式，开展混合所有制改造，引入各类投资主体，力争近期内实现更多的国有企业发展成为混合所有制企业。

3.董事会授权试点。国资委由"管资产"向"管资本为主"转变后，各国有企业的董事会将更加独立，责任更加重大，必须建立一套控之有度、行之有效的决策运行方式。进一步深化董事会建设，在已开展试点的3户广西直属企业（广投集团、广汽集团、柳工集团）先行依法落实董事会经理层选聘、业绩考核和薪酬管理等职权，成熟后全面推广。

4.职业经理人制度试点。建立职业经理人制度的方向是经理人的市场化，让市场决定职业经理人的价值。但由于当前我国职业经理人市场的不健全，尚未有效建立科学、规范的职业经理人评价体系，真正意义上的职业经理人非常稀缺。因此，职业经理人制度试点工作显得尤为重要。目前，广西是全国较早开展市场化选聘职业经理人试点的省区之一，面向市场公开选聘，如广西北部湾银行行长、副行长等一批广西直属企业的经理人。待职业经理人选聘、评估、考核、退出等一系列工作机制成熟后，再逐步向公共服务类企业推广。

5.员工持股制度试点。员工持股是探索混合所有制企业管理方式的重要途径之一。国有控股、参股企业可试点先行，待相关条件成熟后适时推广。

参考文献

[1] 广西壮族自治区人民政府国有资产监督管理委员会，广西社会科学院.2015年广西蓝皮书：广西国资国企改革发展报告 [M].南宁：广西人民出版社，2015.12

[2] 广西壮族自治区人民政府办公厅.关于改革和完善国有资产管理体制的实施意见（桂政办发〔2016〕71号）[R].2016

[3] 厉以宁，吴敬琏，周其仁，等.读懂中国改革：新常态下的变革与决策 [M].北京：中信出版社，2015

[4] 刘泉红.国有企业改革——路径设计和整体推进 [M].北京：社会科学文献出版社，2012

[5] 李松森，孙晓峰.国有资产管理（第二版）[M].大连：东北财经大学出版社，2013

[6] 国务院国有资产监督管理委员会研究局.探索与研究：国有资产监管和国有企业改革研究报告（2013）[M].北京：中国经济出版社，2015

思考题

1.新常态下如何进一步优化国有资产监管方式?

2.如何提升国有资产监管效能?

第五章
国有企业混合所有制改革

　　党的十一届三中全会以来，党和国家对所有制理论不断创新，提出了发展多种经济形式和多种经济成分。十五届三中全会正式提出发展混合所有制经济。十六届三中全会指出：大力发展国有资本、集体资本以及非公有资本等参股的混合所有制经济，实现投资主体多元化，使股份制成为公有制的主要实现形式。十七大报告再次强调："以现代产权制度为基础，发展混合所有制经济。"十八届三中全会指出"国有资本、集体资本、非公有资本等交叉持股、相互融合的混合所有制经济，是基本经济制度的重要实现形式"，同时强调，"鼓励发展非公有资本控股的混合所有制企业"，进一步明确了混合所有制经济的发展方向和路径。

　　我国国有企业的混合所有制改革是从20世纪90年代开始的。随着1992年《股份制企业试点办法》《股份有限公司规范意见》《有限责任公司规范意见》等规章的相继出台及1994年颁布《中华人民共和国公司法》，我国的股份制试点逐步走向规范化，国内民间资本和外资通过参股、控股国有企业参与国有企业的改组改革改制，混合所有制改革由此拉开帷幕。

一、国有企业混合所有制改革的重大意义及主要政策

（一）重大意义

1.有利于明晰国有企业产权，实现各种所有制经济的优势互补。发展混合所有制经济，股份制是主要实现形式，改制上市或提高国有资产证券化率是最佳路径。混合所有制改革从产权入手，大力实施国有企业的产权重组，使非公有资本与国有资本、集体资本交叉持股、相互融合，能够更有成效地实现国有企业与民营企业的优势互补。

2.有利于实现政企分开，完善国有企业法人治理结构。真正的政企分开是以产权结构的多元化为前提的，而法人治理结构是一种制度安排，它以董事会、监事会和高层经理人员及其职工之间的责权利为核心，构造一套有效的激励机制和约束机制。推进国有企业混合所有制改革，使混合所有制企业成为深化国有企业改革新的有效载体、新的动力，才能推进真正意义上的政企分开，建立现代企业制度，完善法人治理结构，进一步强化不同性质所有制投资主体的约束。

3.有利于提高国有企业管理效率，增强国有经济的活力和竞争力。国有企业在技术、资金以及资源获取等方面具有相对优势，管理也相对规范，但效率低下问题比较突出。实践证明，非国有企业控股的混合所有制企业的运行效率高于国有及国有控股企业。引导非公经济参与国有企业改革，对于提高国有企业管理效率，增强国有经济的活力和竞争力具有深远意义。

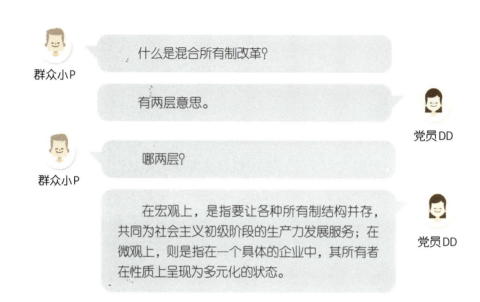

4.有利于拓展非公有制经济的发展空间。发展混合所有制经济，既可以发展国有资本控股的混合所有制经济，也可以发展非公有制资本控股的混合所有制经济，有利于破除非公有制经济发展面临的"天花板"，使非公有制经济获得更多的发展机会和空间，在国有企业强大的资金支持下，实现健康快速发展。

5.有利于抑制社会资金投机的倾向，推动实体经济稳定发展。大力发展实体经济，对于广西经济社会持续健康发展至关重要。民营企业是实体经济的主力军之一。尽管中央和地方政府出台了一系列鼓励民间投资的政策，但是各地贯彻落实的效果不够理想，民间资本在进入一些重点行业与领域时，依然面临诸多的"旋转门""弹簧门"或"玻璃门"。党的十八届三中全会提出积极发展混合所有制经济，就是要敞开传统国有经济控制的电力、铁路、电信、金融、石油、资源开发、公用事业等领域，引导国有和民营在内的各类资本实现深度融合和有机统一。通过发展混合所有制经济，充足的社会资金越来越多地投向实体经济，将在一定程度上抑制社会资金投机的倾向，保障实体经济持续健康发展。

（二）主要政策

2013年，党的十八届三中全会审议通过的《中共中央关于全面深化改革若干重大问题的决定》提出"积极发展混合所有制经济"。2015年8月24日，中共中央、国务院发布的《关于深化国有企业改革的指导意见》（中发〔2015〕22号），明确提出推进国有企业混合所有制改革，引入非国有资本参与国有企业改革，鼓励国有资本以多种方式入股非国有企业，探索实行混合所有制企业员工持股。

2015年9月24日，国务院发布的《关于国有企业发展混合所有制经济的意见》（国发〔2015〕54号），从总体要求、分类推进国有企业混合所有制改革、分层推进国有企业混合所有制改革、鼓励各类资本参与国有企业混合所有制改革、建立健全混合所有制企业治理机制、建立依法合规的操作规则、营造国有企业混合所有制改革的良好环境、组织实施八个方面对推进国有企业混合所有制改革提出了具体的指导意见。

2016年8月2日，国务院国资委、国家财政部、证监会联合印发了《关于国有控股混合所有制企业开展员工持股试点的意见》（国资发改革〔2016〕133号），详细规定了试点原则、试点企业条件、企业员工入股、企业员工股权管理、试点工作实施和组织领导等要求。

2016年4月28日，广西壮族自治区人民政府印发《关于推进国有企业发展混合所有制经济的实施意见》（桂政发〔2016〕22号）。

实施意见共分三大部分：

第一部分是总体要求，包括指导思想和基本原则。

第二部分是主要措施，包括5条具体内容。一是加快培育发展上市公司，使上市公司成为混合所有制企业的重要组织形态。二是分类推进混合所有制改革，对主业处于充分竞争行业和领域的商业类国有企业，积极引入中央企业等其他国有资本或各类非国有资本实现股权多元化；对主要承担重大专项任务的商业类国有企业，坚持国有资本控股地位，积极引入非国有资本参股；对属于低效资产范围的商业类国有企业，引入社会资本改制；对公益类企业，可采取国有独资形式，具备条件的可积极引进各类非国有资本参股投资，通过购买服务、特许经营、委托代理等方式，鼓励非国有企业参与开发经营。三是分层推进混合所有制改革，集团公司层面，属国有资本投资运营平台的，坚持国有独资；一级企业（集团）原则上实行国有控股；子公司层面，属国家和自治区有明确规定要求的特定领域的企业，坚持国有控股；其他子企业鼓励通过上市、改制重组等方式，合理确定并逐步调整国有股权比例。四是积极推进开放性市场化联合重组，鼓励支持非国有资本通过出资入股、收购股权、认购可转债、融资租赁等多种方式参与国有企业改制重组、参与国有控股上市公司增资扩股、参与国有企业项目投资；推广政府和社会资本合作（PPP）模式；支持国有资本与创业投资基金、产业投资基金、政府引导基金等各类战略投资者共同设立股权投资基金，参与国企改制重组，共同开展战略投资；允许经确权认定的集体资本、资产和其他生产要素作价入股，参与国有企业混合所有制改革；支持国有资本对发展潜力大、成长性强的非国有企业进行股权投资。五是探索实行混合所有制企业员工持股，主要采取增资扩股、出资新设等方式，优先支持人才资本和技术要素贡献占比较高的转制科研院所、高新技术企业和科技服务型企业开展试点。

第三部分是创新完善体制机制，包括6条具体内容。一是建立健全混合所有制企业治理机制，建立健全现代企业制度。二是探索推行优先股和特殊管理股制度，允许将部分国有资本转化为优先股；在少数特定领域探索建立国家特殊管理股制度，即国有资本可在混合所有制企业中占有较小比例的股份，不干涉企业日常运营，但依照相关法律法规和公司章程规定，行使特定事项否决权，保证国有资本在特定领域的控制力。三是健全市场决定和发现价格机制，国有企业产权和股权转让、增资扩股、上市公司增发等应公开竞价；企业董事、监事、高级管理人员参与改制或受让，应与其他投资者平等公开竞争。四是严格规范操作程序，健全清产核资、评估定价、转让交易、登记确权、出具法律意见等国有产权流转程序。五是强化监管防止国有资产流失，健全混合所有制企业投资、业绩考核、薪酬分配、激励奖惩、监督问责等制度。六是完善国有企业混合所有制改革的政策和环境，不断完善国资监管、工商登记、财税管理、土地管理、金融服务等政策；不断创新加强混合所有制企业党建工作；妥善解决混合所有制改革涉及的国有企业职工劳动关系调整、社会保险关系转移接续以及历史遗留问题；加强舆论宣传引导，积极营造公平竞争的市场环境、产权保护的法治环境、宽松和谐的舆论环境。

2016年12月，广西国资委发布了《广西国有控股混合所有制企业开展员工持股试点实施细则》（桂国资发〔2016〕94号），主要内容包括：

一是明确了试点的四大工作原则：坚持依法合规，公开透明；坚持增量引入，利益绑定；坚持以岗定股，动态调整；坚持严控范围，强化监督。

二是明确了试点的五大工作要求：

1.试点企业条件。（1）主业处于充分竞争行业和领域的商业类企业。（2）股权结构合理，非公有资本股东所持股份达到15%以上，公司董事会中有非公有资本股东推荐的董事；涉及多个非国有股东的，非国有股东之间不能为同一股东控制的关联方。（3）公司治理结构健全。（4）营业收入和利润90%以上来源于所在企业集团外部市场。试点企业负面清单列了3条：广西壮族自治区所属一级企业原则上暂不开展员工持股试点；近三年经国有资产监管部门认定的有财务违法违规行为和不良记录的、已纳入低效清理退出计划的企业，不列入试点实施范围；违反国有企业职工持股有关规定且未按要求完成整改的企业，不开展员工持股试点。

2.企业员工入股要求。（1）员工范围。参与持股人员应为在关键岗位工作并对公司经营业绩和持续发展有直接或较大影响的科研人员、经营管理人员和业务骨干，且与本公司签订了劳动合同。负面清单3条：各级党委、政府及其部门、机构任命的国有企业领导人员不得持股；外部董事、监事（含职工代表监事）不参与员工持股；如直系亲属多人在同一企业时，只能一人持股。（2）出资方式。员工入股应主要以货币出资，并按约定及时足额缴纳。负面清单2条：试点企业、国有股东不得向员工无偿赠予股份，不得向持股员工提供垫资、担保、借贷等财务资助；持股员工不得接受与试点企业有生产经营业务往来的其他企业的借款或融资帮助。（3）入股价格。员工入股价格不得低于经核准或备案的每股净资产评估值。（4）持股比例。员工持股总量原则上不高于公司总股本的30%，单一员工持股比例原则上不高于公司总股本的1%。企业可采取适当方式预留部分股权，用于新引进人才。（5）股权结构。实施员工持股后，应保证国有股东控股地位，且其持股比例不得低于公司总股本的34%。（6）持股方式。持股员工可以个人名义直接持股，也可通过公司制企业、合伙制企业、资产管理计划等持股平台持有股权。

3.股权管理要求。（1）股权管理主体。员工所持股权一般应通过持股人会议等形式选出代表或设立相应机构进行管理。（2）股权管理方式。公司各方股东应通过公司章程或股东协议等明确员工股权的日常管理、动态调整和退出等问题。（3）股权流转。员工持股应设定不少于36个月的锁定期。锁定期满后，公司董事、高级管理人员每年可转让股份不得高于所持股份总数的25%。持股员工离开本公司，或因工作岗位调整不再纳入持股人员范围的，应在12个月内将所持股份进行内部转让。（4）股东权益。员工持股与国有法人持股实行同股同权、同股同责。

4.股权分红。企业及国有股东不得向持股员工承诺年度分红回报或设置托底回购条款。持股员工与国有股东和其他股东享有同等权益，不得优先于国有股东和其他股东取得分红收益。

5.破产重整和清算。员工持股企业破产重整和清算时，持股员工、国有股东和其他股东应以出资额为限，按照出资比例共同承担责任。

此外，实施细则还对试点工作实施和组织领导提出了具体的要求。

二、广西国有企业混合所有制改革的实践

（一）广西推进混合所有制改革的主要做法

1.研究制定混合所有制改革政策。2016年，广西壮族自治区人民政府发布了《关于推进国有企业发展混合所有制经济的实施意

见》（桂政发〔2016〕22号），明确了通过培育发展上市公司、推进开放性市场化联合重组、探索实行混合所有制企业员工持股三个途径，打造公开透明的公众公司，把混合所有制企业打造成为各类资本的战略共同体和经济利益共同体。同时，广西国资委正在研究制定《关于混合所有制企业管理的暂行办法》，以实现权责对等、同股同权同责，避免权力寻租和利益输送。

2.以上市为目的推进混合所有制改革。以推动企业上市为主要途径，探索多种方式发展混合所有制经济。通过推动国有企业改制上市、引入战略投资者等举措、推动实现股权多元化，2016

扩展阅读小链接

中央经济工作会议在京举行
习近平发表重要讲话

中央经济工作会议2016年12月14日至16日在北京举行，会议指出，混合所有制改革是国企改革的重要突破口，按照完善治理、强化激励、突出主业、提高效率的要求，在电力、石油、天然气、铁路、民航、电信、军工等领域迈出实质性步伐。

来源：新华社

年新增国有上市企业2户，国有上市企业总数达到21户，占广西上市企业的50%。广西广播电视信息网络股份有限公司成为全国五个少数民族自治区企业中第一家上市的文化企业。同时，加快广西国有企业上市分类推进工作稳步开展。广西国资委2015年对广西国有企业进行了摸底调研，建立了上市后备企业库，并对入选的上市后备企业分类推进工作进展情况进行了跟踪调查。2016年11月，举办了广西国有企业上市分类推进工作研讨会，进一步推动国有企业上市工作。

3.创新混合所有制企业发展模式。区分集团公司、子公司不同层级推进混合所有制改革。积极推动国有企业进行股份制改造和实现股权多元化，主要在集团公司二级、三级及其以下子企业进行混合所有制改革。通过积极探索，一些企业取得了初步成效。以广西投资集团有限公司混合所有制改革为例，该集团现有以及在建混合所有制企业共有23家，其中2级企业6家，3级企业17家，主要分布在集团的铝业、能源、金融及文化旅游地产板块。广西投资集团有限公司混合所有制改革已经形成了可复制、可推广的"国海证券模式""广银铝业模式""华银铝业模式""强强碳素模式"，这些不同模式共同的特点是多元化的股权结构、完善的法人治理结构、市场化选人用人机制以及充分激发人的潜能的分配激励和约束机制。"国海证券模式"是金融产业发展混合所有制经济的成功典型，"广银铝业模式"是集团下一步铝产业改革发展转型的有效路径，"华银铝业模式"是地方企业与中央企业合作中探索出来的公司治理的有效模式，"强强碳素模式"是集团构建完整铝产业链、介入上游原材料供应的关键手段。

4.积极开展混合所有制改革试点工作。根据国家发改委和国务院国资委关于推进混合所有制改革试点工作的要求，广西国资委申报了广西广投乾丰售电有限责任公司、广西天然气管网公司、泛湾物流股份有限公司和广西国宏智鸿环境科技发展有限公司4户企业作为地方混合所有制改革试点备选项目。为顺利推进混合所有制改革试点工作，广西国资委结合国有控股企业员工持股试点（第一批6户）工作，2017年重点推进包括上述4户企业在内的10多户企业的混合所有制改革试点工作。

5.稳妥推进混合所有制企业员工持股试点。广西国资委于2016年12月28日印发实施了《广西国有控股混合所有制企业开展员工持股试点的实施细则》，同时指导企业做好首批员工持股试点工作，组织各监管企业对本企业所属各级子企业、各市国资委对市属企业员工持股情况进行筛选，从报名的20多户企业中遴选了国海证券、广西工艺美术研究所、广西交通科学研究院等6户推进员工持股试点工作。

6.搭建统一规范的产权交易平台。广西国资委研究出台了《整合建立广西壮族自治区统一产权交易市场实施方案》，规范各类专业权益类交易平台运作秩序，为非国有资本参与国有企业改革搭建良好平台。2014年以来，广西国资委在广西北部湾产权交易所共推出97个国企项目与民营资本寻求合作。

（二）广西推进混合所有制改革的主要成效

2004年建立新的国有资产监管体制以来，广西坚持因地施策、因业施策、因企施策，在大力发展国有企业的同时，全力支持国有企业通过兼并重组、员工持股、企业上市、产权转让等多种方式引进社会资本，通过控股、参股等多种形式放大国有资本功能，通过内外部力量共同推动完善现代企业制度、健全企业法人治理结构，大力培育发展混合所有制企业。截至2016年底，广西国有企业进行产权登记的国有企业共2199户，实施混合所有制改革的企业共754户，约占34.2%。其中，国有绝对控股（国有占股50%以上）415户，约占混合企业总户数的55%；相对控股（国有占股未达到50%，但为第一大股东）151户，约占混合总户数的20%；参股188户，约占混合总户数的24.9%。混合所有制企业数量不断增加，领域不断扩大，既涉及冶金、建材等传统产业，也涉及电力、能源、汽车、机械、医药等优势产业和有色金属、食品等特色产业，混合所有制经济发展取得积极进展，国有经济的控制力、影响力不断增强，为广西经济发展起到了重要推动作用。

（三）广西混合所有制改革存在的主要问题

从广西国有企业推进混合所有制改革的情况看，主要存在以下问题：

一是发展基础不扎实。广西国有企业底子薄，大公司大集团不多，竞争性领域的国有企业更少，具备稳妥推进混合所有制改革条件的企业较少，上市后备资源严重匮乏，满足上市条件的企业不多。

二是发展环境不完善。证券交易机构、产权交易机构不多，平台不够完善，促进资源有效配置的多层次资本市场尚未建立，推动国有企业上市、产权转让的渠道不够通畅，上市交易、产权交易成本过高。

三是道德诚信体系不健全。部分民营企业主甚至部分国有企业领导参与国有企业混合所有制改革的动机不纯。在当前信用体系还不健全的情况下，国有企业与民营企业之间的互信度还不高。有的混合所有制企业因国有股东与民营股东的经营理念、经营模式产生严重冲突，企业无法正常经营；有的混合所有制企业被民营企业股东控制后，国有企业股东在企业中完全没有发言权，一切都由民营企业股东说了算，企业经营很不规范，面临很大的法律风险。

四是同股同权同责难以落实。金融机构对部分民营企业的信用评级较低，为保证项目建设资金，需要国有企业母公司持续进行资金注入，并且为其提供不对等的融资担保，增加了国有企业母公司的经营风险。

三、进一步推进混合所有制改革的总体思路

（一）结合国家和自治区战略导向推进发展混合所有制经济

国家推进实施"一带一路"倡议，广西党委、政府大力实施"双核驱动"战略、构建"三区统筹"格局，加大北部湾经济区开放开发和珠江—西江经济带建设，加快沿边金融综合改革试验区建设，进一步构建现代特色产业体系，全面深化与东盟和港澳台粤合作，这些都是混合所有制经济大展身手、大有作为的领域。要充分发挥国有企业和民营企业各自在资金、人才、技术、机制等方面的优势，抱团投资各类重大项目，在交通、能源、机械、汽车、金融、物流、信息、海洋、互联网等领域，共同合作加强前瞻布局和先导研究，努力发展成为能够代表广西的大企业大集团，推进广西经济转型升级和结构调整。

（二）完善母子公司体制下混合所有制企业的董事会、监事会建设

母子公司体制下的集团母公司在向混合所有制子公司推行董事会和监事会建设时，要从三个方面着手。一是以"资本管理"为理念。要求母公司树立"资本"意识，管理所出资企业的资本，即股权，而不是管理所出资企业的所有事务。对于混合所有制子企业的董事会，国有独资母公司只是一个股东，子企业董事会根据需要可以选聘经理层等高级管理人员。二是以"章程管理"为根本。母公司章程要体现母子公司管控关系，母公司既要遵循本级公司章程，又要尊重下级公司章程。三是以"差别管理"为抓手。要求母公司依据不同母子公司管控模式，差别设计各子公司董事会和监事会制度的组织实现方式。

（三）完善企业三项制度改革

一是深化企业劳动制度改革，建立择优录用、能进能出的用工制度。二是深化企业人事制度改革，建立健全管理人员市场化竞聘的能上能下机制。三是深化企业分配制度改革，建立有效竞绩、能增能减的分配激励机制。

（四）采用多种方式吸引民营资本参与国有产权交易

充分发挥产权交易市场的信息集散功能，更快、更广、更准地推送企业国有产权交易信息，吸引更多的潜在购买人参与交易，提升国有资产保值增值概率。拟通过国有股权、产权或资产转让、增资扩股实施改制的企业，应当通过产权交易市场、证券市场、媒体或网络等公开企业改制有关情况、投资者条件等信息，择优选择投资者。

（五）引导非公有制企业规范管理，提升国有与非公有资本的融合能力

进一步引导非公有制企业加强规范管理运作，完善法人治理结构，建立非公有制企业管理培训的公共平台，加强企业交流、学习和培训。通过对非公有制企业的有效引导，提高非公有制企业和国有企业对相关共性经营问题的共识，提升国有与非公有资本的融合能力。

（六）建立容错机制，为国有企业提供良好的改革环境

当前的国有资产考评机制，基本上都是利润和资本保值增值的硬要求，缺乏对企业开拓市场、创新管理、尝试新的经济体制改革

等方面的鼓励和引导。下一步应在国有企业领导班子的考核评价机制中进行调整和完善，允许企业在满足国家及地方经济发展战略规划的情况下，容忍勇于担当正当行为过程中难免的过失，增强干部职工推进国有企业改革的决心和信心。

参考文献

[1] 中共中央、国务院《关于深化国有企业改革的指导意见》（中发〔2015〕22号）

[2] 国务院《关于国有企业发展混合所有制经济的意见》（国发〔2015〕54号）

[3] 国务院国有资产监督管理委员会、中华人民共和国财政部、中国证券监督管理委员会《关于国有控股混合所有制企业开展员工持股试点的意见》（国资发改革〔2016〕133号）

[4] 广西壮族自治区人民政府《关于推进国有企业发展混合所有制经济的实施意见》（桂政发〔2016〕22号）

[5] 广西壮族自治区人民政府国有资产监督管理委员会《广西国有控股混合所有制企业开展员工持股试点实施细则》（桂国资发〔2016〕94号）

[6] 广西改革发展研究编委会.广西改革发展研究——广西重大招投标课题研究成果汇编（2014）.南宁：广西人民出版社，2015.11

思考题

1. 广西怎样分类分层推进混合所有制改革？
2. 广西哪些国有控股混合所有制企业可以开展员工持股试点？

第六章
国有企业收入分配、劳动用工制度改革

中共中央、国务院《关于深化国有企业改革的指导意见》对国有企业收入分配制度改革、国有企业劳动用工制度改革均提出明确要求，并指出了改革的方向。党的十八大以来，广西在国有企业负责人薪酬待遇改革、加强国有企业负责人履职待遇和业务支出管理、实行工资总额预算管理、规范企业劳动用工管理等领域大胆改革，取得了明显成效。下一步，要根据中央有关精神和要求，进一步完善国有企业领导人员薪酬收入与选任方式，企业类别、企业效益相匹配的差异化薪酬分配制度，监管企业中长期激励约束机制政策措施，职工薪酬动态调整机制等，并深化劳动用工制度改革。

一、国有企业"三项改革"的主要政策

党的十八届三中全会审议通过的《中共中央关于全面深化改革若干重大问题的决定》中，对深化国有企业内部改革提出明确要求，即以人事、劳动和分配三项改革为突破口，完善制度、创新机制、

强化管理，"深化企业内部管理人员能上能下、员工能进能出、收入能增能减的制度改革"。其中，人事、劳动领域的改革属于国有企业劳动用工制度的改革，分配领域的改革属于国有企业收入分配制度的改革。这"三大改革"是新常态下国有企业内部改革的核心内容。

（一）国有企业收入分配制度改革

国有企业的收入分配机制是企业的内部机制，由企业依法依规自主决定。改革开放以来，国有企业收入分配的自主权逐步扩大，职工收入增长较快，但收入分配机制存在的一些弊端也日益显现。特别是企业内部经营者与普通员工收入差日趋扩大，以及垄断性行业与竞争性行业企业间的收入差等，已经成为影响国有企业持续发展的重要问题。因此，国有企业收入分配机制改革已经成为企业改革的重要内容。

习近平总书记高度重视国有企业分配制度改革。2014年8月18日，他在中央全面深化改革领导小组第四次会议上强调：合理确定并严格规范中央企业负责人履职待遇、业务支出，是改作风的深化，也是反"四风"的深化，国有企业要做贯彻落实中央八项规定精神、厉行节约反对浪费的表率；要合理确定并严格规范中央企业负责人履职待遇、业务支出，除了国家规定的履职待遇和符合财务制度规定标准的业务支出外，国有企业负责人没有其他的"职务消费"，按照职务设置消费定额并量化到个人的做法必须坚决根除。

中共中央、国务院发布的《关于深化国有企业改革的指导意见》（简称《指导意见》）对国有企业收入分配制度改革提出明确要求，并指出了改革的方向。《指导意见》指出，要"完善既有激励又有约束、既讲效率又讲公平、既符合企业一般规律又体现国有企业特点的分配机制。建立健全与劳动力市场基本适应、与企业经济效益和劳动生产率挂钩的工资决定和正常增长机制。推进全员绩效考核，……对国有企业领导人员实行与选任方式相匹配、与企业功能性质相适应、与经营业绩相挂钩的差异化薪酬分配办法。对党中央、国务院和地方党委、政府及其部门任命的国有企业领导人员，合理确定基本年薪、绩效年薪和任期激励收入。对市场化选聘的职业经理人实行市场化薪酬分配机制，可以采取多种方式探索完善中长期激励机制。健全与激励机制相对称的经济责任审计、信息披露、延期支付、追索扣回等约束机制。严格规范履职待遇、业务支出，严禁将公款用于个人支出"。

可以看出，国有企业收入分配制度改革的主要任务有以下几点：

一是建立起工资决定和正常增长机制。企业员工工资的决定，应与企业经济效益和劳动生产率挂钩，同时与一个区域的劳动力市场价格基本相适应。为了调动员工的积极性，也应建立起正常的工资增长机制。

二是全面推行全员绩效考核。以业绩为导向，科学评价不同岗位员工的贡献，合理拉开收入分配差距，切实做到收入能增能减和奖惩分明，充分调动广大职工积极性。

三是对国有企业领导的薪酬分配提出了明确的指导意见。要求对国有企业领导人员实行与选任方式相匹配、与企业功能性质相适应、与经营业绩相挂钩的差异化薪酬分配办法。对于由各级党委、政府及部门任命的国有企业领导人，主要实行基本年薪、绩效年薪和任期激励收入的薪酬分配办法；对于市场化选聘的职业经理人，则实行市场化薪酬分配机制。

《指导意见》还要求，健全与激励机制相对称的经济责任审计、信息披露、延期支付、追索扣回等约束机制；严格规范履职待遇、业务支出，严禁将公款用于个人支出。

（二）国有企业劳动用工制度改革

国有企业劳动用工制度改革既是深化企业改革的重要内容，又是企业内部管理效能提升的重要支撑，更是激发企业活力的重要源泉。因此，必须要把深化企业劳动用工制度改革作为推进国有企业改革与发展的一项重要而紧迫的任务，采取切实有效措施，加大工作力度。

《指导意见》主要从两个方面对国有企业劳动用工制度改革提出了要求。一方面是针对公开招聘提出要求，必须建立健全企业各类管理人员公开招聘、竞争上岗等制度，对特殊管理人员可以通过委托人才中介机构推荐等方式，拓宽选人用人视野和渠道。建立分级分类的企业员工市场化公开招聘制度，切实做到信息公开、过程公开、结果公开。

另一方面是针对企业内部用人管人制度提出了要求。必须构建和谐劳动关系，依法规范企业各类用工管理，建立健全以合同管理为核心、以岗位管理为基础的市场化用工制度，真正形成企业各类管理人员能上能下、员工能进能出的合理流动机制。

二、广西国有企业"三项改革"的实践

十八大以来，广西在国有企业收入分配和劳动用工制度改革方面，进行了积极的探索，并取得了显著的成效。

（一）国有企业负责人薪酬待遇改革

2014年8月18日，中央全面深化改革领导小组第四次会议审议

并通过了《中央管理企业主要负责人薪酬制度改革方案》《关于合理确定并严格规范中央企业负责人履职待遇、业务支出的意见》，2014年8月29日，中共中央政治局审议通过了《中央管理企业主要负责人薪酬制度改革方案》《关于合理确定并严格规范中央企业负责人履职待遇、业务支出的意见》。这些文件的出台标志着对国有企业负责人薪酬待遇的管理和规范进入了全新的阶段。

根据中央的精神，广西国有企业负责人薪酬制度改革的总体思路是：按照企业负责人分类管理要求，综合考虑企业负责人的经营业绩和承担的政治责任、社会责任，建立符合国有企业负责人特点的薪酬制度，规范企业收入分配秩序，对不合理的偏高、过高收入进行调整，实现薪酬水平适当、结构合理、管理规范、监督有效，促进企业持续健康发展，推动形成合理有序的收入分配格局。

根据这一总体思路，广西首先对国有企业负责人的薪酬结构进行规范。改革后，国有企业负责人的薪酬结构由基本年薪、绩效年薪、任期激励收入等组成。其中，基本年薪根据上年度国有企业在岗职工平均工资的2倍之内确定；绩效年薪根据年度考核评价结果的不同等次，结合绩效年薪调节系数确定，总量不超过负责人基本年薪的两倍，调节系数最高不超过1.5；任期激励收入根据任期考核评价结果的不同等次确定，不超过任期内年薪总水平的30%。年度或任期考核评价不合格的，不得领取绩效年薪和任期激励收入；基本年薪按月支付。绩效年薪考核后按考核年度一次性兑现。任期激励收入实行延期支付办法，广西本级企业负责人按6∶2∶2的比例逐年兑现。

通过改革，广西国资委监管的A类企业负责人薪酬对比企业在岗职工平均工资下降2.12倍，B类企业负责人薪酬下降1.05倍，金融类企业负责人薪酬下降2.10倍。薪酬改革后影响广西本级企业负责人面积达到100%。其中约有91.82%的企业主要负责人薪酬水平有所下降，8.18%的企业主要负责人薪酬水平有所提升。

（二）加强国有企业负责人履职待遇和业务支出管理

严格控制国有企业负责人履职待遇和业务支出水平，是这次国有企业收入分配改革的重要内容。为更清晰地理解相关改革措施，有必要对两个概念进行解释。一是"职务消费"，一般是指对企业负责人履职保障和履职支出的习惯性统称。二是"履职待遇"，是指为企业负责人履行工作职责提供的工作保障和条件。三是"业务支出"，是指企业负责人在生产经营活动中履行工作职责所发生的费用支出。

2015年，广西出台《广西壮族自治区关于合理确定并严格规范国有企业负责人履职待遇、业务支出的意见》（简称《意见》），就履职待遇、业务支出的管理提出了原则性要求和禁止性规定，尤其是对企业负责人职务消费进行了很大力度的改革调整。《意见》取消了企业负责人"职务消费"的提法，把原合理的、必要的履职保障和合理支出确定为履职待遇和业务支出。除国家规定的履职待遇和符合财务制度规定标准的业务支出外，国有企业负责人没有其他的"职务消费"。《意见》对履职待遇和业务支出做出了明确的界定，履职待遇主要包括公务用车、办公用房、培训；业务支出主要包括业务招待、国内差旅、因公临时出国（境）、通信共四个方面。

《意见》同时提出了四条禁令。一是严禁按照职务为企业负责人个人设置定额的消费，取缔企业用公款为负责人办理的运动健身和会所、俱乐部会员、高尔夫等各种消费卡。二是严禁用公款支付履行工作职责以外的、应由个人承担的消费娱乐活动、宴请、礼品及培训费用，坚决制止与企业经营管理无关的各种消费行为。三是严禁企业负责人向子企业和其他有利益关系的单位转移各种个人费用支出。四是企业负责人退休或调离本企业后，企业不得为其提供履职待遇、业务支出。

（三）实行工资总额预算管理

按照出资人合理调控与企业自主分配相结合，效益导向与促进公平相结合，调控总量与调节分配关系相结合的基本原则，2015年起，广西国资委在监管企业中推广工资总额预算管理办法。

一是建立工资总额预算管理体制。将企业年度合并报表口径的各级企业全部纳入管理范围，年初企业根据要求编制申报工资总额预算方案，报经广西国资委核准后执行；年中如出现特殊情况可申请调整，并将调整方案报广西国资委批准；年度结束后，广西国资委委托中介机构进行专项审计，并对企业预算执行情况进行评价。

二是建立工资增长调控机制。按照工资总额预算增长低于经济效益增长，人均工资增长低于人均创利增长的原则，对工资总量进行控制。同时通过对企业经济效益增长进行预测，参考上一年全区企业工资指导线，综合两方面因素确定当年自治区监管企业工资增长调控线，以此对国有企业人均工资增长进行控制。

三是建立工资效益联动机制。企业以合并报表的利润总额为预算效益指标并确定预算目标值；并根据企业实际情况，建立工资增减与经济效益增减相适应的联动办法，报经广西国资委审核同意后实施。通过构建工资总额预算管理体系，初步实现了企业收入分配的效益导向与劳动力工资市场化相结合，出资人依法调控与企业自主分配相结合。

（四）规范企业劳动用工管理

广西国资委坚持市场化用工改革方向，积极推动监管企业深化劳动用工制度改革。通过建立健全规章制度、优化用工结构、规范用工形式、形成流动机制等，促进监管企业稳步推进劳动用工市场化，取得显著成效。

2015年，广西国资委出台《关于深化自治区国资委履行出资人职责企业劳动用工和内部收入分配制度改革的指导意见》。要求监管企业要建立以合同管理为核心，以岗位管理为基础的市场化用工机制；依法加强用工管理，强化岗位体系建设；建立健全企业劳动规章，完善用工管理制度；合理配置人力资源，优化用工结构；建立健全人员进出机制，促进职工合理流动；加大劳动用工改革力度，转换企业经营机制，完善科学决策制度，不断增强自主创新能力，提高队伍素质，从而提高企业核心竞争力。

经过多年的引导和监管，多数监管企业均建立了切合自身实际的劳动用工机制，以及与员工岗位考评或绩效考评相挂钩的收入分配制度。这方面成功的案例有：柳工集团采用了合同制用工与协议用工相结合的管理模式，生产主要岗位由企业与员工直接签订劳动合同，生产辅助岗位及服务性岗位，由劳务输出部门为企业提供协议用工；柳州五菱汽车公司以签订劳动合同、劳务协议、其他协议为基准，将公司内部岗位划分为六大职类七十二个职种，对各职类、职种进行分类考评和管理，建立了较为完善的职工绩效考评体系；柳钢集团建立"干部能上能下，人员能进能出，收入能高能低"的用人机制，通过科学、合理调整岗位设置，挖掘潜力，使在岗职工从2万人减到1.4万人，而在国内同规模企业人员有的达到3万人；新华书店集团根据《中华人民共和国劳动合同法》有关规定，与员工代表签订集体合同，授予子企业自主决定劳动用工和二次分配的权利；广西投资集团对本部所有岗位实行重新竞聘。

三、进一步深化国有企业"三项改革"的总体思路

一是进一步完善国有企业领导人员薪酬收入与选任方式、企业类别、企业效益相匹配的差异化薪酬分配制度。根据不同企业类别和层级，实行选任制、委任制、聘任制等不同选人用人方式。组织任命和提名的企业领导人员年度薪酬以员工平均收入为基数实行限高，合理确定基本年薪、绩效年薪和任期激励收入。竞争类企业，领导人员薪酬与经营业绩挂钩，推进职业经理人薪酬与市场接轨。同时，畅通现有经营管理者与职业经理人身份转换通道，加快建立国有企业领导人员退出机制。

二是根据中央有关精神和要求，要进一步完善监管企业中长期激励约束机制政策措施，研究扩大分红权激励试点范围的有关政策，探索采取股票期权、限制性股票、岗位分红权等激励方式。已经探索实行上市公司股权激励、分红权激励等多种中长期激励方式的地方，要进一步完善制度、把握激励机制重点，规范有序操作，认真总结试点经验和做法，既要突出中长期激励机制对管理技术骨干的激励作用，构建股东与员工利益共享和风险共担机制，促进企业可持续健康发展，又要避免股权激励"大锅饭"和国有资产流失。尚未启动中长期激励机制试点的地方，要加强政策研究，在建立制度和推进试点方面迈出实质性的步伐。健全与激励机制相对称的经济责任审计、信息披露、延期支付、追索扣回等约束机制。

三是完善职工薪酬动态调整机制。以国有企业经营效益及劳动生产力状况为依据，参考本地的劳动力市场平均薪酬，以及最低工

资指导标准和居民消费价格指数等因素，建立健全职工薪酬动态调整机制。提高职工薪酬水平与企业效益关联度，同时应控制工资水平的过快增长，科学体现职工劳动贡献的报酬。逐步建立健全职工薪酬协商机制，提升职工在薪酬协商机制中的话语权，维护职工合法权益。推进实施企业全员绩效考核，根据不同岗位的实际情况科学实施考核标准，对职工的贡献度进行科学评价，实现薪酬的科学动态调整，充分调动职工积极性。

四是深化劳动用工制度改革。严格准入制度，建立健全企业人员特别是管理人才公开招聘、竞争上岗等一系列机制，严格执行分级分类的企业员工市场化公开招聘制，使企业人才进入做到信息公开、过程公开、结果公开。依法依规规范企业用工制度，形成以管理合同为核心、以岗位管理为重点的市场化用工机制，健全企业员工退出机制，形成企业各类管理人才能上能下、员工能进能出的人才合理流动机制。扎实推进国有企业依法构建和谐劳动关系，实行劳动用工更加规范，职工工资合理增长，劳动条件不断改善，有效预防和化解劳动关系矛盾。依法处理各类劳动关系，切实保护各方合法权益。进一步严格规范工资内、外收入和福利管理。

参考文献

[1] 中共中央、国务院《关于深化国有企业改革的指导意见》

[2] 解读中央深改小组第四次会议：三项改革均势在必行.人民网，http：//politics.people.com.cn/n/2014/0819/c1001-25497654.html

[3] 国务院发展研究中心"深化国有企业改革中的突出矛盾与对策研究"课题组.深化国有企业三项制度改革的思考.发展研究，2015（11）

[4] 中共广西壮族自治区委员会、广西壮族自治区人民政府《关于全面深化我区国资国企改革的意见》（桂发〔2014〕16号）

[5] 广西壮族自治区人民政府国有资产监督管理委员会，广西社会科学院.2015年广西蓝皮书：广西国资国企改革发展报告.南宁：广西人民出版社，2015

思考题

1.国有企业收入分配制度改革的主要任务是什么?

2.如何结合本单位特点开展劳动用工制度改革?

第七章
国有企业法人治理结构改革

法人治理结构，又称公司治理，是现代企业制度中最重要的组织架构。狭义的公司治理主要是指公司内部股东、董事、监事、经理人之间的关系；广义的公司治理还包括与利益相关者（如员工、客户、存款人和社会公众等）之间的关系。公司作为法人，即由法律赋予的人格的团体人、实体人，需要有相适应的组织体制和管理机构，使之具有决策能力、管理能力行使权利，承担责任。完善的法人治理结构是现代企业制度中最重要的组成部分。因此，建立健全国有企业法人治理结构是全面推进依法治企、推进国家治理体系和治理能力现代化的内在要求，是贯彻落实党中央、国务院指示精神的重大举措，是深化国有企业改革和完善国有资产管理体制的重要内容。

一、国有企业法人治理结构改革的重大意义及主要政策

（一）国有企业法人治理结构改革的重大意义

1.有利于深化国有企业改革。公司法人治理结构是现代企业制度的核心，而建立现代企业制度的一个关键在于实现国有企业治理结构的创新。在新一轮国有企业改革中，通过发展混合所有制，加快国有企业股份制改革，建立健全公司法人治理结构，是对企业权责利关系的重新配置，是企业管理方式和经营机制的根本性转变，是国有企业的制度创新和管理革命。然而，我国现有的国有企业法人治理结构没有完全与市场经济相适应，也没有完全与国家有关法律法规相衔接。要建立精干高效、决策有序、监督有效、相互制约的法人治理结构，就要从建立和完善股东大会、董事会、经理层三方制衡与监事会的监督关系入手，解决所有权虚置问题，确保所有者对公司的最终控制权，完善董事会决议，消除"内部人控制"现象；强化监事会的监督权，增加独立监事的比例，降低经营者目标与所有者目标的背离程度。《指导意见》提出"选聘一批现职国有企业负责人转任专职外部董事"是一种积极的探索方式。一方面拓宽了外部董事的渠道，另一方面使得外部董事队伍更加充满活力。

2.有利于发挥党组织在法人治理结构中的作用。当前我国正处于全面建设小康社会的关键时期，国有企业面临的市场环境日趋复杂、竞争程度日益激烈。确立企业党组织在国有企业法人治理结构中的主体地位，发挥政治核心作用，有利于提升国有企业的核心竞争力。现代企业法人治理结构来源于西方发达国家，强调所有权与经营权相分离，并在股东会、董事会、监事会和经理层之间形成相互制衡的权责关系，最终形成公司前进的合力。与西方国家企业管理体系相比，我国国有企业设立党组织，有贯穿于决策层、管理层

和员工三个层面的党员队伍，凝聚广大职工的力量，增强决策的执行力以及实现企业愿景和目标的战斗力。国有企业设立党组织及其发挥政治核心作用的角色定位，能够将企业经营目标、经营管理者的利益和职工利益同维护国家与社会利益统一起来，实现多方共赢，促进企业与社会的和谐发展。同时，《指导意见》再提党组（党委）书记、董事长"一肩挑"，就是阐明了党的领导与公司治理的关系，把党组织建设与公司法人治理统一起来，坚持党管干部原则与董事会依法选择经营管理者、经营管理者依法行使用人权相结合，积极探索有效的实现形式，这与中央对国有企业改革中坚持党的领导、加强党的建设的相关精神一脉相承。从企业党组织的基本任务看，国有企业设立党组织并作为公司治理的主体，有利于形成各负其责、协调运转的治理机制，对股东会、董事会、监事会和经理（厂长）依法行使职权具有支撑作用，对企业完成生产经营任务具有支撑作用。

3.有利于企业按市场化配置资源。现在国有企业的生产要素基本上与市场经济接轨了，但是最重要的生产要素——企业的经理人并没有市场化。企业经理人的选择并没有按照市场机制选择和聘任，而是由有关组织部门用行政的手段、行政的办法，按照党政领导干部的标准和选拔程序在内部选任、委任。如何在确保党管干部原则发挥关键性作用的同时，又使市场在国有企业高管人员配置中起决定性作用，《指导意见》提出，让董事会有权选聘经理，是市场赋予的权利；让党管干部决定企业高管，是政治赋予的权力。而要有效解决好两者的结合，就需要重新审视党管干部原则和市场选聘机制相结合的作用阶段。简单说，就是最终提交给董事会供决定选聘的候选人不止一个。在选聘经理层的方式上，《指导意见》首次提出差额选聘方式，"要积极探索党管干部原则与董事会选聘经营管理人员有机结合的途径和方法"并对其选聘、考核、激励、监督等方面都有明确要求。"积极探索董事会通过差额方式选聘经理层成员。""国有独资公司经理层逐步实行任期制和契约化管理。"这些政策措施对激活国有企业用人权，释放国有企业经营活力，确保董事会有效运行，起到关键作用。

（二）国有企业法人治理结构改革的主要政策

1999年9月22日中国共产党第十五届中央委员会第四次全体会议通过的《中共中央关于国有企业改革和发展若干重大问题的决定》指出：要明确股东会、董事会、监事会和经理层的职责，形成各负其责、协调运转、有效制衡的公司法人治理结构。所有者对企业拥有最终控制权。董事会要维护出资人权益，对股东会负责。董事会对公司的发展目标和重大经营活动做出决策，聘任经营者，并对经营者的业绩进行考核和评价。发挥监事会对企业财务和董事、经营者行为的监督作用。国有独资和国有控股公司的党委负责人可以通过法定程序进入董事会、监事会，董事会和监事会都要有职工代表参加；董事会、监事会、经理层及工会中的党员负责人，可依照党章及有关规定进入党委会；党委书记和董事长可由一人担任，董事长、总经理原则上分设。充分发挥董事会对重大问题统一决策、监事会有效监督的作用。股权多元化有利于形成规范的公司法人治理结构，除极少数必须由国家垄断经营的企业外，要积极发展多元投资主体的公司。

2015年，国务院印发《关于国有企业发展混合所有制经济的意见》（国发〔2015〕54号）提出健全混合所有制企业法人治理结构。混合所有制企业要建立健全现代企业制度，明晰产权，同股同权，依法保护各类股东权益。规范企业股东（大）会、董事会、经理层、监事会和党组织的权责关系，按章程行权，对资本监管，靠市场选人，依规则运行，形成定位清晰、权责对等、运转协调、制衡有效的法人治理结构，推行混合所有制企业职业经理人制度。

2015年8月24日，中共中央、国务院发布的《关于深化国有企业改革的指导意见》强调，健全公司法人治理结构。重点是推进董事会建设，建立健全权责对等、运转协调、有效制衡的决策执行监督机制，规范董事长、总经理行权行为，充分发挥董事会的决策作用、监事会的监督作用、经理层的经营管理作用、党组织的政治核心作用，切实解决一些企业董事会形同虚设、"一把手"说了算的问题，实现规范的公司治理。要切实落实和维护董事会依法行使重大决策、选人用人、薪酬分配等权利，保障经理层经营自主权，法无授权任何政府部门和机构不得干预。加强董事会内部的制衡约束，国有独资、全资公司的董事会和监事会均应有职工代表，董事会外部董事应占多数，落实一人一票表决制度，董事对董事会决议承担责任。改进董事会和董事评价办法，强化对董事的考核评价和管理，对重大决策失误负有直接责任的要及时调整或解聘，并依法追究责任。

2017年5月，国务院办公厅印发的《关于进一步完善国有企业法人治理结构的指导意见》（国办发〔2017〕36号）（简称《指导意见》）是迄今以来国家对法人治理结构颁发的最全面的政策性文件，该意见分为三部分，第一部分为总体要求，第二部分为规范主体权责，第三部分为做好组织实施。

在总体要求方面，《指导意见》提出要"以建立健全产权清晰、权责明确、政企分开、管理科学的现代企业制度为方向，……健全各司其职、各负其责、协调运转、有效制衡的国有企业法人治理结构"。同时，坚持深化改革、坚持党的领导、坚持依法治企和

完善国有企业法人治理结构国务院办公厅定了这些目标

主要目标

2017 年年底前

国有企业公司制改革基本完成。

到 2020 年

党组织在国有企业法人治理结构中的法定地位更加牢固，充分发挥公司章程在企业治理中的基础作用，国有独资、全资公司全面建立外部董事占多数的董事会，国有控股企业实行外部董事派出制度，完成外派监事会改革；

充分发挥企业家作用，造就一大批政治坚定、善于经营、充满活力的董事长和职业经理人，培育一支德才兼备、业务精通、勇于担当的董事、监事队伍；

党风廉政建设主体责任和监督责任全面落实，企业民主监督和管理明显改善；

遵循市场经济规律和企业发展规律，使国有企业成为依法自主经营、自负盈亏、自担风险、自我约束、自我发展的市场主体。

坚持权责对等四项基本原则。"到2020年，党组织在国有企业法人治理结构中的法定地位更加牢固，……使国有企业成为依法自主经营、自负盈亏、自担风险、自我约束、自我发展的市场主体。"

在规范主体权责方面，《指导意见》提出要"健全以公司章程为核心的企业制度体系，充分发挥公司章程在企业治理中的基础作用，依照法律法规和公司章程，严格规范履行出资人职责的机构、股东会、董事会、经理层、监事会、党组织和职工代表大会的权责，强化权利责任对等，保障有效履职，完善符合市场经济规律和我国国情的国有企业法人治理结构，进一步提升国有企业运行效率"。并明确从五个方面规范主体权责：

1.理顺出资人职责，转变监管方式。（1）股东会是公司的权力机构。（2）国有独资公司不设股东会，由出资人机构依法行使股东会职权。（3）出资人机构依据法律法规和公司章程规定行使股东权利、履行股东义务，有关监管内容应依法纳入公司章程。

2.加强董事会建设，落实董事会职权。（1）董事会是公司的决策机构，要对股东会负责，执行股东会决定，依照法定程序和公司章程授权决定公司重大事项，接受股东会、监事会监督，认真履行决策把关、内部管理、防范风险、深化改革等职责。（2）优化董事会组成结构。国有独资公司的董事长作为企业法定代表人，对企业改革发展负首要责任，要及时向董事会和国有股东报告重大经营问题和经营风险。（3）规范董事会议事规则。包括董事会要严格实行集体审议、独立表决、个人负责的决策制度，建立规范透明的重大事项信息公开和对外披露制度。（4）加强董事队伍建设。建立完善外部董事选聘和管理制度，选聘一批现职国有企业负责人转任专职外部董事，定期报告外部董事履职情况。

3.维护经营自主权，激发经理层活力。（1）经理层是公司的执行机构，依法由董事会聘任或解聘，接受董事会管理和监事会监督。（2）建立规范的经理层授权管理制度，对经理层成员实行与选任方式相匹配、与企业功能性质相适应、与经营业绩相挂钩的差异化薪酬分配制度，国有独资公司经理层逐步实行任期制和契约化管理。根据企业产权结构、市场化程度等不同情况，有序推进职业经理人制度建设，逐步扩大职业经理人队伍，有序实行市场化薪酬，探索完善中长期激励机制。

4.发挥监督作用，完善问责机制。（1）监事会是公司的监督机构，依照有关法律法规和公司章程设立，对董事会、经理层成员的职务行为进行监督。（2）健全以职工代表大会为基本形式的企业民主管理制度，支持和保证职工代表大会依法行使职权，加强职工民主管理与监督，维护职工合法权益。（3）强化责任意识，明确权责边界，建立与治理主体履职相适应的责任追究制度。

5.坚持党的领导，发挥政治优势。（1）要明确党组织在国有企业法人治理结构中的法定地位，使党组织成为企业法人治理结构的有机组成部分。（2）充分发挥纪检监察、巡视、审计等监督作用，国有企业董事、监事、经理层中的党员每年要定期向党组（党委）报告个人履职和廉洁自律情况。（3）积极探索党管干部原则与董事会选聘经营管理人员有机结合的途径和方法。

二、广西推进国有企业法人治理结构改革的实践

（一）主要做法

1.建章立制，为规范董事会试点工作提供制度保障。自2010年以来，广西国资委出台了有关规范董事会试点工作的6个制度文件，《关于开展建立规范董事会试点工作的通知》（桂国资发〔2010〕72号）、《关于印发〈广西壮族自治区人民政府国有资产监督管理委员规范董事会试点企业董事会运作指导意见（试行）〉的通知》（桂国资发〔2010〕174号）、《关于印发〈广西壮族自治区人民政府国有资产监督管理委员会规范董事会试点企业董事会年度报告制度（试行）〉的通知》（桂国资发〔2010〕175号）、《关于印发〈广西壮族自治区人民政府国有资产监督管理委员会规范董事会试

点企业外部董事管理（试行）〉的通知》（桂国资发〔2010〕251号）、《关于印发〈广西壮族自治区人民政府国有资产监督管理委员会规范董事会试点企业职工董事管理（试行）〉的通知》（桂国资发〔2010〕252号）、《广西壮族自治区人民政府国有资产监督管理委员会董事会试点企业外部董事报酬管理办法（试行）》（桂国资发〔2011〕106号），在规范董事会建设、运作、年度工作专题报告、外部董事管理、外部董事报酬管理等方面初步构建了一套制度体系。按照健全完善企业法人治理结构要求，修改完善了《广西壮族自治区直属国有独资公司规范董事会建设的指导意见（试行）》《广西壮族自治区直属企业董事会及董事评价办法（试行）》《自治区直属企业董事会选聘经理层成员工作的指导意见（试行）》，进一步推进外部董事制度建设，逐步解决董事会、经理层高度重叠，厘清董事会、经理层决策权、执行权边界问题，为探索建立企业内部权力制衡机制，规范完善法人治理机制做出努力。

2.健全组织架构，完善公司法人治理结构。

（1）建立起外部董事制度，实现了外部董事过半数。2011年1月，广西国资委着手物色遴选柳工集团、五菱集团外部董事，选派6名具有丰富实践经验的同志担任柳工集团、五菱集团外部董事，特别让其中2名同志同时担任两家企业的外部董事。外部董事受国资委委派，直接参与企业董事会的活动，与企业内部董事享有同等权利。试点企业较好地实现了董事会成员结构的优化和互补，企业集体决策、民主决策和科学决策水平有了新提高。

（2）建立了专门工作委员会。为确保董事会对公司进行有效的战略控制和监督，广西国资委以企业发展战略、重大投融资、内部改革决策和选聘、评价、考核、奖惩等为重点，指导企业建立各种专门委员会。以提高决策的专业化和科学性，完善董事会决策机制。如设董事会办公室为日常办事机构，成立提名委员会、薪酬与考核委员会、审计和风险管理委员会、战略与投资委员会等专门工作机构。

3.规范董事会运作机制，实现董事会有效运转。在广西国资委的具体指导下，广西直属国有企业均按《中华人民共和国公司法》和《中华人民共和国企业国有资产法》及有关法律法规，对企业章程进行修改完善，并根据章程分别制定了《董事会议事规则》《专门委员会议事规则》，从议事内容到议事程序均进行了规范。同时建立了规范董事会工作专题报告制度和顺畅的沟通机制。通过采取这些措施，有效规避了董事长因个人风格、做事原则所带来的不规范的弊端，清晰界定了董事会及其专门委员会的职责，规范了董事会及其专门委员会的运作程序，顺畅董事会与公司管理层的沟通渠道，实现了事后监督向事前监督的转变；明显改善法人治理结构。

4.监事会监管工作扎实推进。

（1）出台相关监事会监督管理办法和条例。广西国资委先后下发《自治区国有独资、国有控股骨干企业监事会派驻暂行办法》《自治区国资委关于进一步加强和改进监事会工作的意见》《广西壮族自治区人民政府国有资产监督管理委员会派驻企业监事会工作规则（试行）》《自治区国资委监管企业支持配合监事会依法开展当期监督工作规则（试行）》《广西壮族自治区国有企业监事会重点联系人工作暂行办法》《广西壮族自治区国有企业监事会监督检查报告编报暂行办法》《广西壮族自治区国有企业监事会监督检查成果运用暂行办法》《自治区国资委内部运用监事会监督检查成果暂行规定》《自治区国资委关于加强企业监事会制度建设的指导意见》等。对广西壮族自治区政府授权监管的两个地方金融机构，广西国资委专门印发文件，要求其参照国有企业监事会开展监督检查工作。这些制度规定，为监事会依法、依规行权履责，促进监事会工作规范化、程序化提供了依据和保障，有力支撑了监事会当期监督的有效开展。

（2）实行外派监事制度。广西于2007年正式向广西直属国有企业派驻监事会。现有6个监事会办事处，行政编制24人。每个办事处设监事会主席兼主任1人、监事3人，分别派驻4至5家企业，与企业职工监事共同组成企业监事会。目前，广西国有企业监事会共派驻25户国有企业。实行外派监事会制度以来，广西国有企业监事会依照《中华人民共和国公司法》《中华人民共和国企业国有资产法》《国有企业监事会暂行条例》《企业国有资产监督管理暂行条例》和《自治区国资委关于进一步加强和改进监事会工作的意见》，紧紧围绕国资监管中心任务开展监督检查工作，确立了"与国资监管相一致、与国企改革相适应、与出资人关注相衔接"的基本原则，并在此基础上着力推进"融入国资监管体系、融入企业法人治理结构"的"两个融入"工作理念，积极探索外派监事会监督检查的新途径，不断创新当期监督的方式方法，在维护国有资产安全、促进企业改革发展、实现国有资产保值增值中有效发挥了监事会的重要作用。

（3）健全监事会与企业的沟通对接机制。为保证监事会全方位了解企业重大决策、重要经营管理活动，广西国资委把外派监事会与企业的融合作为开展监督检查工作、提高监督检查质量的基础，专门制发了《自治区国资委监管企业支持配合监事会依法开展当期监督工作规则（试行）》，对企业全面开放信息资料、及时报告重大情况、提前邀请监事会列席重要会议、健全监事会与企业的沟通对接机制等作了具体明确，并对执行情况进行跟踪检查。在此基础上，广西国资委要求企业每年就资产和效益、经营管理和改革发展、经营和财务风险、违法违纪违规事项、国资委及监事会重点关注事项、领导班子履职情况及下一年度工作计划七个方面内容进行汇总，形成《企业年度工作报告》综合报送监事会。同时，建立监事会与企业沟通对接机制，有效督促了企业的风险防范和整改落实。

（4）聚焦四项主要任务。一是对企业"三重一大"决策程序的监督。把企业重大决策过程作为监督的主要内容，重点检查企业的决策内容是否合法合规，决策过程是否规范有效，集体决策制度是否落实到位，注重从程序上保证合法决策、科学决策、民主决策。二是对企业风险管控的监督检查。把防范风险作为监督检查的出发点和落脚点，促进企业改进和完善内部控制制度，重点关注企业的投资风险、资金风险、财务风险和企业高管的廉洁风险等主要风险点，加强对投融资、贸易、担保、债务和应收账款的监督检查，加大企业重大风险报告力度。三是对企业负责人履职行为的监督。把对企业负责人履职行为的监督作为监事会基本职责之一，积极探讨监督检查的方式方法，重点关注企业领导班子的决策程序、内部管理和实现出资人意图的执行力，关注企业负责人在重大决策事项中的履职行为以及分工合作、民主作风、作用发挥及职工的评价反映等情况。四是对出资人关注事项的监督。围绕广西壮族自治区人民政府、广西国资委关注的重点企业、重点事项、重点环节，对涉及企业的重大投资、产权变更、资本运营、资产管理、项目建设等关系企业发展方向的全局性、方向性、战略性重大问题进行重点检查，加强了对企业落实广西国资委重要工作部署情况的监督检查。

（二）初步成效

1.实现了企业的决策权与执行权分开。在广西直属企业中试点先行，试点企业大多数董事不在执行层任职，不负责执行性事务，实现了决策权与执行权的分离。同时，引入外部董事提高了管理效能。董事会严肃、认真地履行职责，对审议通过的议案还要听取落实情况，无形中使经理层和职能部门的压力增大，增强了加强管理的责任感，考虑问题更加慎重，提交的方案质量更高，工作的细化程度提高，促进了企业各级决策质量的不断提升。

2.实现了董事会的集体决策。建立外部董事制度后的直属企业，除总经理外，董事与经理人员不重合，董事之间也没有上下级关系，董事可以根据自己的判断独立地行使表决权，独立客观地发表意见，提出的问题深刻，决策过程的酝酿讨论比较充分，使经营决策更加科学和合理，避免了重大决策一个人说了算的现象，从而保障董事会真正实现集体决策和科学决策。

3.规范了国资委与董事会的关系。国资委对国有企业进行统一的、共性的监督管理，而企业的情况是千差万别的，建立了规范的董事会后，董事会作为出资人的代表进入企业内部，就可以针对本企业情况实施个性化管理。尤其是董事们都具有企业经营管理经验和专业技术知识，也更直接、更深入、更了解本企业的实际，监管的效果自然也更好。这样就能形成国资委、董事会、经理层和监事会之间的良好互动。

4.有利于更好地代表出资人利益，正确处理各方面关系。一般情况下，外部董事对该职务没有依赖性，除了在董事会上的表决权外，无其他权力，与企业内部也没有利益关系，在个人利益和权力上比较超脱。这种角色，有利于其更好地代表出资人的利益，客观、妥当地处理出资人、企业、经理层、职工等各方面的关系。

5.当期监督落实较好。多年来，广西国资委坚持以国资监管为核心，以问题和风险为导向，积极落实当期监督，明确了监督检查的重点方向和内容，探索了监督检查的方式和路子，充分发挥派驻监事会的作用，提高监督检查的及时性和有效性，强化了监督检查成果的运用，形成了一套监事会落实当期监督任务的模式，受到国务院国资委的充分肯定。

（三）存在的问题

1.试点企业存在的问题。

（1）范围小，代表性不够。外部董事制度试点企业大都集中在传统制造业，行业代表性不够，不能实现经验互补，无法开展外部董事交流和互换。如何在投融资类企业规范董事会运作，加强董事会的建设等方面加快探索的步伐，是试点企业亟待解决的问题。

（2）外部董事来源渠道单一，结构不够合理，选择余地相对较小。

（3）授权不足制约了董事会作用的充分发挥。目前，国资委授权仅限于企业投资方面，而经营层的聘用、业绩考核和薪酬管理尚未实行授权，一定程度上削弱了董事会履职的权限。有必要建立起分层决策、有效监管为原则的决策机制，进一步加大授权，提高决策效率，以提升企业对市场快速响应能力。

2."三会一层"制衡机制不够完善。混合所有制企业中有相当大的比例为国有控股企业，但这类企业的董事与经理层人员交叉重叠，导致严重的"内部人控制"现象。董事会并不实质拥有对经理的任免、考核和薪酬的决定权；总经理事实上不对董事会负责，董事会的考核评价并不能对经理层构成现实约束；总经理与董事长存在职能交叉错位问题。尽管《中华人民共和国公司法》对董事长和总经理的职权进行了区分，但由于国有控股公司的董事长往往兼任党委书记，要直接承担或指挥许多日常事务，从而很难划清董事长和总经理的职责边界。同时，由于国有控股企业的董事长和经理人员往往要兼任其下属子公司的股东代表，造成了董事长和经理的职责混淆，没有形成协调运转、有效制衡的公司法人治理结构。此外，现有的大部分混合所有制企业，由于股权结构不合理，导致企业法人治理结构的不健全，从而使得混合所有制的优势无法充分发挥，企业通过混合提升效率和效益的目的也无法实现。

3.企业市场化选人用人机制没有建立。当下国有企业的高管主要由行政任命。在对经理人员的使用方面，现代企业要求建立职业经理人制度，但目前大部分国有控股企业的主要经理人员均由其国有母公司委派，对经理人员的激励机制扭曲，约束机制匮乏，企业经营行为短期化。

4.监事会制度体系有待健全完善。

（1）监事会组织建设有待加强。许多企业没有设立监事会，设立了监事会的往往也流于形式，具体表现为监事会地位低下、缺乏独立性、履职不到位、激励约束机制缺乏等。外派监事会制度推进不力，广西14个市只有南宁、百色、防城港3个市建立国有企业外派监事会制度。

（2）监督链条有待进一步延伸。近年来，监事会履职环境正在发生重大转变。广西国有企业迅速成长，呈集团化扩张、业务多元化、跨地域发展趋势，资本证券化、产权多元化、境外投资常态化。子企业的出资人结构愈加复杂，集团的核心资产、资源和经营活动向上市公司，二、三级子公司及境外投资企业下沉，集团"空壳化"趋势显现，子公司渐渐成为生产经营的主体。新形势下，单纯依靠外派监事会的力量来延伸监督链条已难以保障监督的深度和广度，为此要加快建立和完善企业内部监事会制度，推动形成母子公司监事会监督检查整体联动机制。

（3）制度体系有待进一步健全完善。制度健全和优化是监事会行权履职的基本保障。这些年来，尽管广西已出台了20多个规范监事会工作的制度文件，但随着国资国企改革的全面深化和国资监管大格局进程加速，迫切需要我们加强制度的衔接、配套、跟进和完善，实现监事会制度与国资监管工作和现代企业制度的紧密结合，创新国有资产监管形式，不断推进国资国企改革发展。

三、进一步深化国有企业法人治理结构改革的总体思路

规范公司法人治理结构是建立现代企业制度的关键，而国有企业改革的核心就是要完善法人治理结构。针对广西在规范公司治理中存在的问题，要着力推进如下工作。

（一）规范董事会建设工作

1.巩固和扩大试点面。规范董事会建设工作是广西深化国有企业改革的重要措施，也是一项长期艰巨的任务。要在柳工集团、五菱集团和广西投资集团试点的基础上，全面推行规范董事会建设工作。有必要在其他充分竞争性领域选择试点企业，同时考虑按企业类型（如工业类、投融资）分别选择有代表性的企业，进一步扩大董事会试点企业范围。

2.适当授权，进一步明晰国资委与董事会的职责。当前正处于转型升级期，资本运作和投融资决策事项较为频繁，有必要建立起适度授权、分层决策、有效监管为原则的授权决策机制，进一步提高决策效率，以提升企业对市场快速响应能力。积极探索对董事会进行更多更大范围的授权，给予董事会更大权限，试行在选聘经理人员和薪酬分配方面的授权。我们将在外部董事过半数、制度较完

善、运作较规范的试点企业中，着手推进董事会选聘经营者工作的落实，制定董事会选聘高级管理人员指导意见，适时将试点企业总经理、副总经理、总会计师和总工程师等高级管理人员的选聘、考核、薪酬分配等权力授权给董事会，依法落实董事会对经营者的管理权。

3.建立完善外部董事人才库。目前，董事会试点工作面临的一个主要瓶颈就是外部董事人才匮乏。因而，必须积极拓宽外部董事人选范围，加快外部董事人才队伍建设。对于外部董事人选的来源，至少有以下几个渠道：一是具有丰富企业领导岗位工作经验的退休不久的广西国有企业高级管理人员；二是境内外大型公司的高级管理人员；三是财务、法律、金融等方面的资深人士；四是理论界的专家学者。此外，作为具体制定并实施有关政策的经济综合管理部门相关人士，也应该可以作为外部董事出现。

4.规范董事会评价考核，提升董事会运作水平。随着规范董事会试点工作的推进，出资人的部分职权将逐步交由董事会行使，广西国资委的工作重点应放在对董事的选聘、管理、评价、奖惩方面，与董事会、董事沟通方面，以及对董事会工作的指导监督等方面，确保企业的运作对出资人透明。因此，对董事会以及除职工董事外的内、外部董事进行年度和任期评价考核，是促进董事会成员有效履职、提升董事会运作水平的重要手段。对董事会进行评价考核，应由国资委企业领导人员管理、企业改革改组发展、财务监督评价等部门共同参与，通过董事会及成员自我评价、经理层评价、外派监事会评价等形式，由广西国资委对董事会及成员的诚信勤勉程度、履行职责能力、维护国有资产合法权益的情况、对任职公司的贡献程度等进行综合评定。

（二）完善监事会制度

1.进一步落实和完善外派监事会制度。落实和完善监事会当期监督制度，加强对企业重大决策、经营管理风险、企业负责人履职行为的监督，强化监事会监督检查的独立性、针对性、时效性、权威性和成果运用。进一步加强国有企业内部监事会制度建设，构建母子公司监事会上下联动机制。加强和完善混合所有制企业、上市公司、境外投资企业的监事会工作。加强对地方金融企业监事会工作的指导，逐步实现国有企业监事会工作的全覆盖。

2.加快构建"大监督"工作体系。

（1）扩大范围。以广西全面推进政企分开、事企分开、国有企业分类监管和整合重组为契机，根据监管企业范围的调整变化，及时调整扩大监事会派驻范围，着力落实监事会工作切入企业法人治理的各环节，充分发挥监事会在公司治理中的制衡作用。

（2）纵向构建。按照《自治区国资委关于加强企业监事会制度建设的指导意见》，有序推动集团公司加强所属企业特别是重要子企业的监事会建设，构建母子公司监事会协同联动体系，推动子企业监事会的完善和规范运行，拉伸监督链条，形成纵向到底、外派内设良性互动的工作格局。

（3）加强指导。要加强对各市监事会工作的指导，促进自治区、各市纵向横向交流，推动各市监事会组织建设、制度建设和监事会业务的规范开展。

（4）探索监督资源整合。加强监事会与企业内部监督资源的沟通协调联动，延伸监督触角；探索与国资委职能监管、与中介机构协调配合、信息成果共享的新途径和新方法，形成监督合力，提高监督效能。

3.做深做细做实当期监督。进一步梳理监事会工作各项制度，明晰制度关系，突出制度建设重点，通过制度体系的再完善和新实践，推动监事会整体工作上新水平、有新发展。认真落实重点联系人制度、列席企业重要会议制度、报告制度，综合运用好各种监督方法，优化监督模式和监督方式，不断提高监督的程序化、标准化和规范化水平，切实增强监事会监督的灵敏性、及时性和有效性。坚持以"问题和风险"为导向，继续将监督检查的重点聚焦在企业的风险管控、企业"三重一大"的决策程序、企业负责人履职行为、出资人重点关注事项上，通过深化当期监督、加强重点监督、强化成果运用，有效维护国有资产安全和权益，促进广西国有企业持续健康发展。

4.探索新形势下监事会工作新路子。

（1）对实行政企分开的企业监事会工作进行规范管理。

（2）对实行分类管理的企业监事会工作实施有区别管理。

（3）对混合所有制企业监事会工作严格按公司章程管理。

（4）强化对地方金融企业的监督管理。推动北部湾银行按照现代企业制度建立健全法人治理结构，为监事会严格履职和有效发挥作用创造条件；指导广西农村信用社完善本级监督机构，并参照《中华人民共和国公司法》等法规要求完善工作机制。

（三）探索建立职业经理人制度

1.建立健全职业经理人选拔的市场化机制。要建立健全职业经理人市场和职业经理人的信用制度。广西国资委、广西人力资源和社会保障厅等单位应通过制定行业规则、行业标准和道德规范等培育职业经理人市场，建立职业经理人诚信档案和信息共享平台，对职业经理人进行全程管理。建立职业经理人公开的竞聘机制，打破原来的行政化管理方式，突出企业特点和市场化配置要求，扩大选择范围和领域，通过竞争上岗，将经理职位交给有能力、有意愿的职业经理人。

2.完善多元化有机组合的职业经理人激励机制。职业经理人的激励机制包括报酬机制、控制权机制、声誉机制和市场竞争机制等。其中，市场竞争机制主要体现为经理人的市场化选拔机制。报酬机制包括岗位工资、绩效工资、福利补贴、持有股权等，其中持有股权期权最为关键。对人力资本的激励方式是要使其与货币资本一道分享企业的剩余索取权。分享的一个有效方式是经理人员的股票期权。对于非上市公司，虚拟股票期权和经营者持股也是比较有效的长期激励方式。

3.强化多层次的职业经理人约束机制。职业经理人的约束机制包括外部约束机制和内部约束机制。外部约束机制包括法律法规约束、市场约束、道德约束和媒体约束等。其中，市场约束主要包括产品市场、资本市场、经理人市场和公司控制权市场的约束。下一步应加快发展和完善相关市场，发挥相关市场的约束作用。内部约束机制包括公司章程约束、契约约束、董事会约束、监事会约束和员工约束等。其中，董事会的作用至关重要。选拔、评价和撤换经理人，是董事会最重要的职能。只有董事会的相关职能发挥好了，才能形成对经理人强有力的约束。

4.完善母子公司体制下混合所有制企业的董事会、监事会建设。母子公司体制下的集团母公司在向混合所有制子公司推行董事会和监事会建设时，应从三个方面着手：一是以"资本管理"为理念。二是以"章程管理"为根本。要求母公司既遵循本级公司章程，又尊重下级公司章程。母公司章程体现母子管控关系，但不因母子体制而剥夺子公司应有权利；同时，子公司章程应体现母公司的管理存在，不因子公司独立法人地位而无视母公司股东（会）权利。三是以"差别管理"为抓手。要求母公司依据不同母子公司管控模式定位之不同，而差别设计各子公司董事会和监事会制度的组织实现方式。

参考文献

[1] 国务院办公厅《关于进一步完善国有企业法人治理结构的指导意见》（国办发〔2017〕36号）

[2] 推进规范董事会工作，完善公司法人治理结构和建设现代企业制度

[3] 积极探索，勇于创新，推动监事会工作深化发展

[4] 广西国有企业混合所有制改革体制机制问题研究

思考题

1.什么是企业法人治理结构？在规范主体权责方面提出什么要求？

2.推动规范董事会试点需要从哪方面入手？完善监事会监管工作近期需要抓什么？

第八章

国有企业发展战略

　　企业战略是指企业根据环境的变化、自身的资源与实力选择适合的经营领域和产品，形成自有的核心竞争力，并通过差异化谋求在市场竞争中取胜的策略。包括发展战略、竞争战略、营销战略、品牌战略、融资战略、技术开发战略、人才开发战略及资源开发战略等。企业战略是针对企业整体性、长期性、基本性问题的策略，国有企业发展战略则是国有企业针对其自身发展整体性、长期性、基本性问题的谋略。

一、国有企业发展战略的重大意义

（一）有利于增强企业竞争力

　　国有企业发展战略包含人才、技术、管理、生产及服务等内容，制定和实施国有企业发展战略有助于增强国有企业人力资源的开发与管理水平，加快企业技术引进改造和研发创新步伐，提高企业成本管控、生产管理、仓储物流等管理能力，提升企业运营效率和经济效益。通过实施国有企业发展战略，能加快先进技术和优秀管理经验的吸收借鉴，提高企业产品创新、技术研发、企业管理和市场推广能力，增强国有企业应对国内外经济发展新形势和复杂问题的能力，在更大范围、更广领域、更高层次上参与合作，提高企业利润水平，在市场竞争中不断发展壮大。

（二）有利于企业更科学地处理整体性、长期性、基本性问题

国有企业是一个由若干相互联系、相互作用的局部构成的整体，且存在不确定的"企业寿命"，优化提升企业发展战略，对国有企业厘清整体与局部、长期与短期关系十分重要。国有企业发展战略主要针对企业发展中整体性、长期性、基本性问题的解决，如企业发展所需的人才、技术、融资、品牌等，国有企业只有优先将这三类问题厘清、解决好，才能更好地处理企业发展中的局部性、短期性问题，更好地应对新情况、新问题的出现，更好地处理企业发展中的"枝叶"性问题。

（三）有利于企业开拓市场、打响企业品牌

制定发展战略对指导国有企业产品生产、市场推广、品牌创造等具有重大价值，良好的发展战略能形成对企业从原料采购、产品生产、仓储管理、市场销售等各个环节的优化管理，提高企业整体管理水平，提升产品、服务质量，向市场推出高质量、高附加值产品，这类产品和服务容易被消费者青睐，进而企业在市场上的影响力、知名度、美誉度都能得到提高，这是打造企业及产品品牌的关键。

（四）有利于深化国有企业改革

当前，国有企业正处于深化改革的关键时期，建立更适应社会化大生产和市场经济规律的现代企业制度，实现公有制与市场经济的有效结合是国有企业改革的方向。优化提升国有企业发展战略有助于厘清国企改革侧重点，细化改革领域和改革实施环节。制定科学合理的改革方案，有助于指导国有企业顺利推进改革。科学合理的企业发展战略有助于国有企业建立适应市场的长效机制，探索国有资产管理的有效形式，建立更完善的经营机制。

（五）有利于加强企业人才、技术保障

完善的国有企业发展战略有利于营造形成良好的人才发展氛围，增强企业人才保障能力，有利于带动国有企业人才开发与管理，培养和锻造一支优秀的企业经营管理队伍。制定和实施国有企业人力资源开发战略，有利于完善国有企业选人、用人、激励、约束和监督制度，有利于优秀经营管理者、科技人才、优秀职工的引进和培育，提高国有企业的整体员工素质和技能水平，为国有企业发展提供技术支持和智力保障。

（六）有利于提高企业资金、资源保障能力

企业发展依赖于资金链的维系，只有良性、循环、闭合的资金链条才能保证企业长久发展，而国有企业发展战略通过对企业发展中投融资方式的探索、创新，制定制度切合实际的投融资策略，并严格执行财务计划管理和资金使用效率。同时，资源是企业发展中不可或缺的重要因素，尤其需要增强原料、土地等资源保障能力，良好的企业发展战略能够引导企业更加注重生态环保，循环和高效

利用资源。

（七）有利于提高企业凝聚力和向心力

良好的国有企业发展战略能够为职工提供一个良好的远景展望，进而达到目标激励效果，调动职工工作的积极性，形成和谐健康的企业文化，实现职工价值观和企业核心价值观的统一，打造职工与企业命运共同体，才能真正实现职工为企业的前程、为自己的前程努力奋斗，进而推动国有企业发展繁荣。良好的发展战略能为职工成长创造一个优良的环境，营造良好的学习氛围，帮助职工实现自我成长和价值追求，进而有助于培养职工的归宿感、使命感。

二、广西国有企业发展战略的实践

案例一　广西柳工集团有限公司

广西柳工集团有限公司（简称"柳工集团"）是国有资产授权经营方式组建的国有独资企业，创建于1958年，核心企业广西柳工机械股份有限公司于1993年改制上市，是行业和广西第一家上市公司。柳工集团拥有全球领先的产品线，涉及挖掘机械、铲土运输机械、起重机械、工程机械配套件等13类产品品种，32种整机产品线。现有全资及合资子企业16家，总资产近290亿元，集团总部及下属控股子公司现有员工1.3万人。柳工集团先后荣获中国500强企业、中国机械工业100强、世界工程机械50强企业、中国装备工业品牌价值50强等荣誉称号。

1.公司改革发展历程。

（1）专业化发展阶段（1958—2001年）。1958年，上海华东钢铁建筑厂部分职工和设备搬迁到柳州，创建柳州工程机械厂，拉开了柳工集团建厂序幕。1966年，中国第一台轮式装载机Z435在柳工试验成功，成为中国工程机械史上的里程碑。1993年，广西柳工机械股份有限公司成立，在深圳证券交易所上市，成为广西第一家上市企业。1999年，被认定为广西首家机械行业大型高新技术企业。

从柳工集团专业化发展阶段的业绩来看，营业收入从1992年的5.2亿元增长到2001年的9.78亿元，9年时间增长了1.9倍，但净利润从1993年的0.76亿元下降到2001年的0.21亿元，复合增长率为-13.1%。因而，在专业化发展期间，业绩不尽如人意，可以说是停滞发展了10年。

（2）全国化、多元化发展阶段（2002—2009年）。2002年，柳工集团确定了多元化发展战略和向华东地区扩张战略。2004年，"柳工"牌轮式装载机获得中国名牌产品称号。2007年，柳工集团印度公司在印度首都新德里挂牌成立，标志着柳工集团国家化制造探索的开始。2008年2月整合成立安徽柳工，3月投资成立天津柳工和柳工（北美）公司，4月成立柳工（香港）公司，10月在北京成立柳工国际租赁有限公司。2009年，投资成立柳州柳工液压件有限公司，年产5000台的安徽柳工起重机研发制造基地正式投产。

进入全国化、多元化发展阶段之后，柳工集团营业收入从2001年的9.78亿元增长到2010年的154亿元，9年时间增长了15.8倍，净利润从2001年的0.21亿元增长到2010年的15.4亿元，复合增长率为77.9%。在本阶段，柳工集团迎来了近10年辉煌时期，实现了跨越式发展，从一个地方性企业成长为一个全国性企业。

（3）国际化发展阶段（2010年至今）。2010年，柳工集团加快在海外打造第二个本土市场。2011年，亚太、中东、南非三大海外子公司正式开业，柳工集团在全球几乎所有重点市场实现本土经营，形成强大的全球战略布局。2013年，向国际市场导入了满足不同排放标准的15款新产品，实现海外市场较快增长。2016年，广西柳工机械股份有限公司与波兰国家研发中心签署了共建柳工欧洲研发中心的协议。2017年，中国最大装载机CLG8128H首销海外，出口到蒙古，彰显了柳工集团国际业务的强劲发展，是柳工集团大型机业务的又一次重大突破。

进入国际化发展阶段后，柳工集团营业收入从2011年的179亿元下降为2016年的70亿元，年均复合增长率为-14.5%，净利润也由2011年的13.2亿元降为2016年的0.5亿元。该阶段业绩下滑的主要原因是我国经济发展进入新常态，经济下行压力大，基础设施建设力度放缓，而国际业务表现相对较好，部分国家和地区的子公司开始实现盈利。

2.企业战略研究。柳工集团作为大型工程机械国有企业，在2001年之前，陷入了长达10年的发展停滞期，公司营业收入始终没有突破10亿元。2001年之后，公司调整发展战略，实现了质的飞跃，2009年公司营业收入达102亿元，正式步入营业收入百亿级的大型企业行列。

——目标战略。2004年，柳工集团提出了"成为工程机械世界级企业"的愿景，提出了"三年再造一个柳工"的战略目标，不断加强核心技术研发，提高综合竞争能力。2007年再次提出"三年再造一个柳工"，主营业务收入在2006年基础上翻一番，实现100亿元。2010年柳工集团发布了《柳工2010—2015年发展规划》，提出2015年实现主营业务收入500亿元，即相当于"六年再造四个柳工"的宏伟目标。正是具有挑战性的目标给了柳工集团全体员工动力与力量，促使他们不断追求与前进，实现企业发展的愿景。

——区域战略。2002年，柳工集团确立了向华东地区扩张的战略，大力加强了华东地区营销网络建设，收购和兼并华东地区的工程机械生产基地，之后开始向华北布局，投资成立了天津柳工，正式完成了全国化研发、生产、销售的战略布局。与此同时，加快了全球发展趋势，先后在北美、欧洲、中东布局研发、物流及销售中心，形成了全球性的区域发展格局，大大提升了柳工集团在国际市场的地位，面对日益复杂的国际国内形势，柳工集团聚焦优势资源、着眼全球发展趋势，逐步践行具有前瞻性的全球化区域战略。

——产品战略。柳工集团成立之初就非常重视产品研发战略，1966年研发了具有里程碑意义的中国第一台轮式装载机Z435，2002年自行研发的CLG230挖掘机达到了国际同类产品先进水平，其产品市场竞争力逐步提升。柳工集团时刻关注市场需求，大力培育挖掘机、起重机、压路机、叉车等新产品，大力打造各产品线的明星产品，不断加强核心技术和产品研发，提升产品品质，提高生产水平，加强信息化体系建设，2013年，向国际市场导入了满足不同排放标准的15款新产品，覆盖装载机、挖掘机、平地机和小型机4条产品，不断拓展海外中高端市场，取得了良好的发展成绩。

案例二　广西交通投资集团有限公司

广西交通投资集团有限公司（简称"广西交投"）成立于2008年7月，是广西壮族自治区人民政府批准成立的国有独资大型企业集团，注册资本为300亿元。主要从事高速公路等重大交通基础设施建设与经营，交通设施养护、维护、收费，对交通、能源、金融、物流、资源开发、土地开发、市政设施、建筑等行业的投资、建设与管理以及国际经济技术合作。到2016年12月底，广西交投下属有46家全资子公司，12家控股公司，8家参股公司，是广西首个总资产超千亿元的非金融企业，总资产超过2000亿元，2012—

2015年连续4年进入中国企业500强。

1.改革发展历程。

（1）起步发展阶段（2008—2009年）。2008年7月，广西交投在南宁荔园山庄揭牌成立。2008年8月，六寨至河池、宜州至河池高速公路在河池举行隆重的开工仪式，是广西交投成立后开工建设的第一条高速公路。2009年12月，广西交投圆满完成广西壮族自治区党委、政府下达的"年内开工8条高速公路，完成投资建设148亿元"的目标任务，年内开工建设了六景至钦州港、南宁外环、百色至靖西、靖西至那坡、三江至柳州、岑溪至水汶、河池至都安、桂平至来宾8条高速公路，全年完成投资总额达到148.68亿元。

（2）规模化发展阶段（2010年至今）。2010年6月，广西交投通过大公国际资信评估有限公司评审，成为广西国资系统中首家主体信用级别达到AA+的企业。2010年11月，南宁至友谊关公路顺利通过验收，是广西交投成立以来的首个竣工验收项目。2011年1月，隆林至百色高速公路建成通车，是目前广西高速公路建设中投资最大、桥隧比最高、建设施工条件最艰苦的典型山区高速公路。2012年12月，由广西交投建设的钦州至崇左高速公路建成通车。自2014年9月起，广西交投全面推进广西"县县通高速公路"攻坚战。2016年7月，广西交投与壳牌（中国）有限公司在上海签订沥青产品合作意向书。2017年1月，广西交投与中国公路学会在南宁正式签订战略合作协议，同月，三江到柳州高速公路建成通车。

广西交投成立9年以来成绩显著，2010年成为广西首家资产超1000亿元的大型国有非金融企业，2017年总资产超过2000亿元。受国内外发展环境影响，2014年以来虽然营业收入和利润总额呈下降趋势，但仍然保持较高的盈利能力，随着广西深度参与"一带一路"建设、中国—东盟自由贸易区打造升级版等战略机遇的显现，广西交投的发展前景依然被看好，发展空间依然广阔。

2.企业战略研究。广西交投以"广西一流，东盟知名"为发展愿景，以公路投资建设为重点，以路产运营和资本管理为主线，深化企业改革，做大做强主业，努力把广西交投打造成国内及东盟一流的有竞争力、影响力的知名企业，为促进广西经济社会发展做出积极贡献。

——产业发展战略。广西交投牢牢把握"一带一路"、中国—东盟自由贸易区及北部湾经济区等重大发展契机，以广西交投高速公路网资源为发展平台，以产业联系为基础，形成以高速公路为核心的交通基础设施业务、高速公路衍生业务、房地产业务、金融业务、交通类科技开发业务、现代物流业务、资源开发业务等相互促进、共同发展的产业布局，深入挖掘路内资源，以已有的主营业务为基础，通过资本运作、品牌运作探索路外业务延伸，全力打造广西乃至全国领先的户外广告运营商、信息网络服务商、文化休闲服务供应商以及高端文化产品投资商，有效推动广西交投快速发展。

——资本运营战略。广西交投通过资本运营，盘活存量资产，促进产业资本和金融资本转化，提高资产流动性，提升融资效率，做大资产总量，为广西高速公路等重点项目提供资金，发挥国有资本对资源配置、优化产业结构的导向作用。积极探索多元化经营，成立46家全资子公司，涉及能源、金融、物流、资源开发、土地开发、市政设施、建筑等多个领域，实现资源的最优配置和资本的最大升值。广西交投十分注重公司品牌建设，不断提升公路等级水平，加强服务水平，保证通行质量，赢得市场美誉，实现广西交投价值最大化和资本保值增值。

——企业文化战略。广西交投十分注重企业文化建设，逐步建立起符合企业发展战略、体现员工根本利益、特色鲜明的企业文化体系，为集团战略实施和价值创造打下基础。广西交投定期印发内部刊物，定期举办职工运动会，经常开展公益奉献活动，用实际行动践行"发展交通、服务社会"的企业使命，实现广西交投提出"干成事、不出事"的工作理念，打造高速公路"微笑"服务、养护"畅舒"服务和服务区"星级"服务的驰名品牌。广西交投文化战略的实施对企业职工具有无形的导向、凝聚和约束功能，对企业的持续稳健发展具有的重要保障作用。

三、优化国有企业发展战略的基本要求

（一）把握政策导向，紧跟时代步伐

要紧紧抓住国有企业改革、"一带一路"、中国制造2025、供给侧结构性改革等战略机遇，深度研究国家战略的政策导向，重点加快企业核心产业发展，充分发挥国有企业的专业能力和比较优势，主动服务和融入国家、广西的发展战略；要立足自身，面向全国甚至全球，高效整合优势资源，准确把握市场发展方向，实现企业现代化、集约化、全球化战略转型和升级发展；要紧跟时代步伐，提高项目的执行力和决策效率，科学高效布局蓝海市场，抢占发展先机，加快发展步伐，增加企业效益。

（二）制定企业愿景，明确发展方向

企业愿景作为企业战略的重要组成部分，是企业软实力的核心所在。制定企业愿景、明确发展方向对国有企业发展具有重要意义，将有效激励企业的发展潜力，增强企业员工的使命感和成就感，调动员工的积极性和能动性。国有企业要积极探索并科学培育

和输入企业文化，创新绩效考核，用企业愿景来激励员工干劲，用包容的企业文化代替僵硬的规章制度，最大限度地激发员工创造力，有效推动国有企业全面改革，增强国有企业发展活力，提高国有企业经济效益。

（三）评估发展环境，确立战略路径

要科学评估国内外、区内外的发展环境，在经济全球化的宏观背景下，世界经济很可能会进入一个以弱复苏、慢增长、多风险为核心特征的"新常态"，发达国家复苏势头并不强劲，新兴经济体增长减缓趋势明显，世界经济增长内生动力不足。反观国内，全国经济下行压力较大，传统竞争力逐步削弱，广西国有企业应该牢牢把握转变经济发展方式、调整经济发展结构的发展方向，制定科学的战略路径，既要着眼于我国中南、西南地区的发展腹地，也要把握东盟、非洲、欧美国家的市场机遇，推动技术创新，加快产业升级，引领发展方向，在"新常态"的发展环境下创造新辉煌。

（四）采取有效措施，落实战略举措

战略制定固然重要，但战略实施同样重要。一个良好的战略仅是战略成功的前提，有效的企业战略实施才是企业战略目标顺利实现的保证。国有企业在战略实施阶段，要切实结合国情、区情以及公司的特殊情况，切实优化配置企业内部各部门和各层级间的资源使用，动态科学评估企业的内外环境，根据战略目标需要，切实优化组织结构，降低人力成本，切实处理好可能出现的利益再分配与企业文化的适应问题。国有企业要积极学习先进的管理经验与方法，发挥企业家精神，为企业战略的实施打下坚实的基础。

（五）评估战略成效，适当调整战略

战略评价和战略调整是企业发展战略的重要组成部分。战略评价就是通过评价企业的经营业绩，审视战略的科学性和有效性。战略调整就是根据企业情况的发展变化，参照实际的经营事实、变化的经营环境、新的思维和新的机会，及时对所制定的战略进行调整，以保证战略对企业经营管理进行指导的有效性。国有企业在战略实施过程中要结合实际，适当调整企业战略展望、长期发展方向、目标体系、战略执行计划等内容，先保证方向正确，再力争效率优先。

思考题

1.企业发展战略对于国有企业有什么重大意义？

2.广西国有企业应如何调整企业发展战略，创造新的业绩？

第九章
国有企业市场营销

社会主义市场经济条件下，国有企业是市场的主体。在激烈的市场环境中，市场营销成为国有企业面临的重大现实问题，是深入推进供给侧结构性改革的重要领域和关键环节之一。如何准确和科学地界定市场营销的内涵，把握市场营销与国有企业改革的内在关系，分析广西国有企业营销的成功案例，寻求适合国有企业发展的市场营销战略，是国有企业改革发展中亟待解决的问题。

一、市场营销对国有企业改革发展的重大意义

市场营销作为现代企业的一项重要决策和经济活动，其内容在不断丰富和完善，观念也在逐渐的创新演变中。市场营销具有多种功能，如对企业生产经营活动的引导、指导企业决策、开拓市场、满足消费者需求等，在推动我国国有企业改革方面，也发挥着举足轻重的作用。

（一）市场营销是推进国有企业改革发展的必然选择

市场经济离不开市场营销，市场营销引导国民消费行为，指导国有企业生产经营活动，其重要性与日俱增。

1.市场营销是连接国有企业与市场经济的纽带。国有企业是市场的主要参与者，无论是分析和预测市场，还是开拓和抢占市场，抑或是拓展和维护市场，市场营销都与之息息相关，密不可分。市场营销作为一门建立在经济学、行为学、现代管理理论基础之上的综合性应用科学，主要研究以客户为中心的企业市场营销活动及其规律，其核心在于交换，通过市场进行交换。与推销相比较，二者有着本质区别。前者以消费者为中心，消费者需要什么，企业就生产什么；站在买方立场上，制定企业的产品、价格、分销、促销策略；强调与顾客建立长期的互利关系，追求长远的利益最大化。而后者则以本企业为出发点，企业善于生产什么，就卖什么；重心是推销现有的产品，较少考虑消费者是否需要；关注的是眼前利益，是一种短期行为。

2.市场营销是国有企业适应社会主义市场经济不可或缺的条件。当前市场机制发生了根本性转变，买方市场形成，市场竞争主要在生产者之间展开，市场营销发挥的作用不可小觑。换言之，我国宏观经济中存在的因经济结构和产业结构不合理所提供的产品或服务不符合买方市场要求，以及微观经济中存在的企业经营的盲目性、随意性和片面性，这些都可以通过市场营销来协调解决，这是其他非市场手段无与伦比的。

（二）市场营销是国有企业改革发展中把握机遇和摆脱困境的有效途径

企业作为一国经济的最基本单元，一方面从外部获得人、财、物资源，另一方面也承担着向外部输出产品或服务的责任，这就决定了企业必须与外部环境保持协调一致。因此，企业的营销应从分析和识别外部环境开始，既包括对企业有间接影响的宏观环境因素（如政治、法律、经济、社会文化、技术和人口），也涉及对企业有直接影响的微观环境因素（如行业结构、竞争对手、供应商、消费者和替代品）。这些因素不仅相互关联，且自身也在不停地发展变化，使企业生产经营难度增大。对于正处于改革发展时期的国有企业而言，面临的困难虽然很多，但最基本最关键的仍然是寻找和把握市场机遇。市场营销追求最大限度满足消费者需求的过程，也是国有企业把握机遇、化解风险、摆脱困境的有效途径。

1.市场营销有利于国有企业开展生产经营活动，获取利润目标。在我国市场经济机制下，国有企业不具备获得支持利润的内在驱动力。缺乏内在压力的国有企业作为市场经济的主体，有可能会是社会资源的浪费者。国有企业改革就是要建立现代企业制度，真正做到产权明晰、权责明确、政企分开、管理科学，建立有利于国有企业发展的产权制度。一种完善的产权制度是企业发展的根本前提和保证，在产权明晰的制度下，企业如何开展生产经营活动、如何获取合理的利润是企业存在和发展的目的。而市场营销就是企业的经营指导思想，销售管理哲学，引导企业开展生产经营活动完成利润目标。

2.市场营销有利于指导国有企业做出科学的经营决策。国有企业要谋得生存和发展，重要一环是做好经营决策。企业的决策正确与否是成败的关键。国有企业通过市场营销活动分析外部环境的现状和发展趋势，结合自身的资源条件，指导企业在产品定价、分销、促销和服务等方面做出相应的科学决策。

3.市场营销有利于增加销售，减轻财政负担。以前国有企业的经营困难造成了沉重的财政负担，导致大量国有企业的经营状况急剧恶化，而这又连带影响到政府的财政收支状况。政府持有国有企业的所有权，是企业经营风险的终极承担者，国有企业的亏损最终是政府的财政亏损，而每年对于国有企业的财政拨款和财政补贴也使政府的财政状况不断恶化。市场营销有利于充分把握和捕捉市场机会，提升销售能力，提高利润进而减轻财政负担。

4.市场营销有利于企业迎接国际化的挑战。国有企业赖以生存的国内外环境正经历着全面而深刻的变革。一方面，经济全球化推动了世界性的科学技术和知识革命，并创造出前所未有的行业和产品，给企业带来了无限商机；另一方面，全球性的生产能力过剩导致世界经济增长乏力和竞争白热化。国际资本和商品大量涌入我国，凭借其在质量、品牌和营销等方面的优势，令国有企业难以招架。因此，如何应对经济条件下复杂多变的市场环境，如何应对全球化带来的机遇和挑战，需要国有企业按照市场经济的规则制定符合市场经济条件下的营销管理战略。

（三）市场营销是深化国有企业改革，激发国有企业活力的重要影响因素

随着我国经济体制改革的不断深入，大多数产品已由卖方市场转为买方市场，国有企业处于激烈的国际、国内市场竞争之中。当前，国有企业在生产经营中面临的一些突出问题，如生产结构不合理、产品产销率低、库存积压严重、经济效益不理想等，从根本上

讲都是市场问题，说明国有企业适应市场、开拓市场的能力与市场经济发展的要求不相适应。同时，许多国有企业仍然存在生产环节"大而全""小而全"，而产品开发和营销力量相对不足的问题，产品更新不快，售后服务跟不上，市场营销工作相当薄弱。试想如果市场营销工作上不去，国有企业进入市场、开拓市场这个问题解决不好，不仅会使企业产品的现有市场进一步萎缩，生产经营困难进一步加剧，而且会影响整个国有企业改革的深化和国民经济的健康发展。

（四）市场营销是推动国有资本合理流动优化配置的有力抓手

国有企业改革是让当前大部分国有企业，特别是竞争性领域的国有企业成为真正意义上的市场竞争主体，摆脱国有企业由于政企不分造成的资源配置扭曲，实现资源有效配置。在现实中有些领域产能过剩可能正是地方政府为了保持GDP高速增长，或者作为政绩工程而要求国有企业加大投资的结果，这扭曲了市场资源配置效率。市场营销充分发挥市场在资源配置中的决定性作用，其目的在于引导国企不仅要全方位了解和满足大众的现有需求，还要分析需求的未来变化趋势，并主动开发创新产品或服务，以迎合大众更深层次的需要。因此，市场营销一方面激发大众新的购买欲望达到刺激消费带动经济增长的目的，另一方面也迫使国有企业不断调整产品结构和重组企业资源，间接实现国民经济产业结构的调整和社会资源的优化配置。

总体而言，市场营销的发展对国有企业的改革来说，其重要意义在于促进国有企业转变机制、转变观念，建立现代企业制度，增强企业活力，提高国有企业的竞争能力。市场营销为国有企业改革的发展输入新鲜血液，提供动力支持。这样，国有企业的改革才能步入良性发展的轨道。

二、广西国有企业市场营销的成功案例

案例一　广西投资集团有限公司

2015年中国企业500强名单中，广西投资集团有限公司（简称"广西投资集团"）以6532425万元的营业额位居榜单的第199位，位居广西企业的榜首。广西投资集团以逐年递增的经济指标和蓬勃发展的产业结构，奠定了广西第一地方国有企业的地位，为广西经济社会发展做出了巨大的贡献。

1.明确市场定位，抓住发展机遇。广西投资集团以金融高端服务业为主、产业资本和金融资本高度融合的"产融一体化"定位，重点打造金融、能源、铝业、文化旅游地产和国际业务五大核心业务板块，实施"产产结合、融融结合、产融结合"的产业协同发展模式。

2.实现多领域创新，增强核心竞争力。积极尝试各种资本市场中有利于降低集团融资成本的新产品和新融资途径；成功发行超短融、短融、中期票据、私募债等多种债券；通过境内外联动，利用集团海外平台，公司以内保外贷的模式融入海外低成本资金，形成多种融资渠道和多样化的融资模式，大幅降低融资成本，改善债务结构。"十二五"期间，累计融资1200亿元，通过创新融资渠道，降低融资成本约3.83亿元。

3.产业链延伸，走品牌联盟发展战略。积极拓展深加工项目，不断延伸铝产业链。主动导入亚洲铝业、广东银一百、广东美亚宝等知名品牌，走品牌联盟发展战略，整合国内铝行业品牌，利用"互联网+"整合铝工业园区、销售网络、金融产品，把铝产业打造

成既能发挥广西资源优势又有著名品牌支撑的全新商业模式，建设全系列、全领域、全球领先的国内铝材、铝合金及高端产品平台，全面盘活工业园资产。

4.积极拓展国际贸易，实施"走出去"战略。以广西投资集团国际公司为抓手，一方面，大力拓展国际资源贸易，为集团的海外业务形成稳健的现金流和巨额的销售收入；另一方面，利用香港国际金融中心的优势，打通境外融资的通道和海外融资平台，大胆"走出去"融入国家"一带一路"。研究成立国际性贸易公司，开展大宗商品国际贸易业务，积极引入国际战略投资、国际资本、国际人才、国际先进管理经验，促进企业的管理、业务、人才与国际接轨，推动广西投资集团国际化进程。

案例二　广西柳工机械股份有限公司

广西柳工机械股份有限公司（简称柳工）是中国制造业500强企业，始建于1958年，其前身是上海华东钢铁建筑机械厂，于1993年在深圳证券交易所上市，成为中国工程机械行业和广西第一家上市公司，被誉为"中国工程机械行业的排头兵"。近年来，柳工实施国际营销战略，积极开拓国际市场，通过在境外投资建立生产基地、营销中心等，建立全球生产和营销体系，不断推广柳工品牌，取得了不俗的成绩。2014年底，柳工海外经销商已达261家，遍布全球六大洲，覆盖136个国家和地区。柳工十余家海外子公司与海外经销商构成了柳工的海外生产和营销服务体系，极大地促进了其海外业务的快速发展。柳工作为广西国有企业开展国际化经营的成功典范，对本土国有企业实施"走出去"战略具有重要的借鉴意义。

1.在市场中寻找"补缺基点"，打造完备的产品价值链。面对国际市场的竞争加剧，柳工及时采取产品线策略和服务策略，以便更好地满足消费者不同的需求。今天的柳工已走出单一的产品时代，成为拥有世界上较完整的产品线的制造商之一，从土方到路基再到路面，从公路到铁路再到机场，从隧道到桥梁，从建设到养护，柳工具有全系列产品与服务能力，为市场提供一体化、一站式、全方位、全生命周期的解决方案。

2.将创新研发作为首要资源和根本发展手段，重视掌握核心技术。通过产品出口的扩增和国际采购的增长，加快和增加与发达国家的技术交流。柳工具有一流的国际研发水平，建立北美、英国、波兰、印度等数家海外研发机构，并在2015年建成了中国行业内唯一一家土方设备国家研发中心。在一直制约中国工程机械产业发展的瓶颈——产业核心配套件领域，柳工通过与全球顶级制造商合作，已经取得实质性突破，并牢牢掌握了世界顶级动力、传动、液压系统产业资源。

3.树立全球化营销观念，构建业务战略布局。柳工在南非、巴西、阿联酋、荷兰、印度、波兰、新加坡、俄罗斯、美国以及中国香港特别行政区分别设立子公司，研发制造基地等运营机构扎根五大洲，是中国工程机械行业内国际化程度较高的企业之一，可以随时随地为当地客户做好平台、市场，提供服务。

4.联合共生，合作创造价值。从全球范围内寻找最佳伙伴，与先进的零部件供应商建立战略联盟或战略伙伴关系，提升产品水平和企业经营管理能力。2011年，柳工与康明斯联手生产专门用于工程机械的发动机，大大提高了产品的可靠性，降低了油耗。2012年，采埃孚（中国）投资有限公司和柳工签署合作协议，为柳工产品量身定制工程机械设备驱动桥。正是通过企业间的强强联合，彼此取长补短，优势组合，达成共赢，柳工才能成为少数几个能够生产设备主要部件的制造商之一。

三、科学制定国有企业市场营销战略

市场营销战略，是指企业在环境分析的基础上，从全局的、长远的、发展的观点出发，为实现其经营目标，对一定时期内的市场营销发展做出的总体设想和规划。当前我国国有企业大多还存在营销工作薄弱、营销观念落后、产品开发能力差、品牌意识薄弱、销售渠道不畅通、不能很好地适应和开拓市场等问题，导致企业产销不能有效衔接，库存积压严重，经济效益急剧下滑，等等。而市场营销战略的制定，有利于增强企业的应变能力，有利于发挥企业的相对优势，有利于提高企业的整体管理水平，有利于增加企业盈利。由此可见，营销战略是企业生存与发展的出发点，制定科学合理的市场营销战略具有重要的现实意义和必要性。

（一）市场营销战略制定的过程

1.分析市场环境。分析企业所处环境的情况，如政治、经济、文化等方面，以及企业的内部条件，如企业的资源、目标、主要竞争对手等。只有深入了解企业所处的环境才能做出正确的战略选择。

2.选择目标市场。企业进行市场细分之后，拟选定进入并为之服务的子市场成为目标市场，也就是企业选择打算为之服务的具有相似需求的顾客群体。通过将整个市场划分为若干个子市场，并对各子市场的需求差异加以区分，选择一个或更多的子市场作为目标市场，开发适销对路的产品，开发相应的市场营销组合，以满足目标市场的需要。

表1   目标市场选择策略

目标市场选择策略	特点	优点	缺点
无差异营销策略	企业不进行市场细分，单一的产品单一的营销策略	降低生产、存货、运输成本；节约研发、广告等费用；便于生产、销售	风险大；易造成激烈的市场竞争
差异化营销策略	以市场细分为基础，针对不同目标市场设计不同的产品和营销组合	小批量多品种，针对性强，满足不同消费者的需求	成本增加，资源分散，易失去竞争优势
集中性营销策略	以市场细分为基础，选择一个或几个相似的细分市场，集中开展营销活动	易获得局部优势	受市场变化影响，具有一定风险性

企业在最终决定采用何种目标市场营销策略之前，应全面考虑企业自身资源能力、产品特性、市场需求特点、产品生命周期、竞争者的市场策略等问题。

3.确定资源的分配水平。占领细分市场需要花费较多的成本，而企业可利用的人、财、物资源又是十分有限的。这就需要企业在选择目标市场和产品项目时，必须充分考虑资源分配问题。一般来说，目标市场的大小直接影响到企业资源的分配。

4.选择整体战略。确定目标市场和资源的分配水平后，需要对未来的企业发展方向做出战略规划，进行整体战略选择，以谋求在市场中发展壮大。

5.设计市场营销组合。将产品、渠道、促销、价格四个要素组合起来构成相互协调、相互配合的统一体来满足目标市场、目标顾客的需要。

（二）市场营销战略类型选择

1.市场发展战略。市场发展战略是指企业选择以什么方式使市场扩展和企业发展的战略，包括集约化发展战略、一体化发展战略、多元化发展战略三种类型。

表2　市场发展战略

市场发展战略	集约化发展战略	市场渗透
		市场开发
		产品开发
		市场组合
	一体化发展战略	前向一体化战略
		后向一体化战略
		横向一体化战略
	多元化发展战略	同心多元化
		横向多元化
		综合多元化

（1）集约化发展战略，是在企业所面对的市场还有潜力可挖的情况下采取的战略。企业在原生产经营领域内，集中力量挖掘市场潜力、改进产品、扩展市场，可用"产品/市场发展矩阵"进行分析。

表3   产品/市场发展矩阵

	现有产品	新产品
现有市场	市场渗透（在现有市场上扩大现有产品的营销）措施：增加营销网点，加强广告宣传，采取促销方式，增加销量	产品开发（向现有市场提供新产品或改进的产品的营销）措施：由单一产品向系列产品转化，满足顾客潜在需求，扩大销售
新市场	市场开发（以现有产品来满足新的市场需求的营销）措施：①开拓新市场，扩大营销区域；②通过发现老产品的新用途扩大市场	市场组合（以新产品进入新市场，在产品、价格、渠道和促销等方面，采取营销组合战略的营销）

（2）一体化发展战略，指的是企业通过把自己的业务活动伸展到供、产、销不同环节或与同类企业联合，以提高企业发展和应变能力的战略。

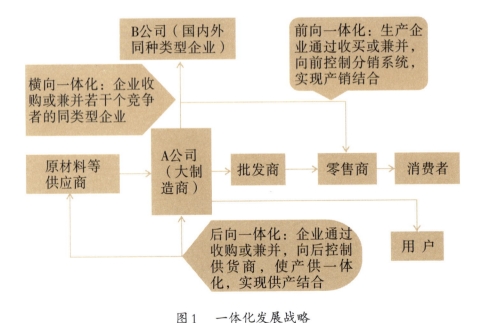

图1   一体化发展战略

（3）多元化发展战略，是指企业向本行业以外发展，扩大业务范围，实现跨行业经营，使企业人力、物力、财力等资源得到充分利用。

表4　多元化发展战略

多元化发展战略	同心多元化	以现有业务为中心向外扩展业务范围，企业利用现有物质技术力量开发新产品，增加产品门类和品种
	横向多元化	针对现有顾客的需求，增加物质技术力量开发新产品，扩大业务经营范围，实现业务增长
	综合多元化	通过收购或兼并的形式，把经营范围扩展到多个部门，组成混合型企业集团，开展与现有技术、产品、市场无联系的多元化经营活动，寻求新的增长机会

2.市场竞争战略。企业开展市场营销活动必然会面临竞争对手的挑战，为增强竞争能力，获取竞争优势，必须识别竞争对手的特点，有针对性地制定竞争性的营销战略。市场竞争战略主要有三种：低成本竞争战略、产品差异化战略和集中化战略。

表5　市场竞争战略

市场竞争战略	低成本竞争战略	将产品的生产与经营成本降低到比所有的竞争对手更低的水平，已获得竞争优势的一种竞争战略
	产品差异化战略	在市场上使本企业的产品在质量、功能、品种、样式、档次、商标、包装等某一个或几个方面具有显著的特色，或与其他竞争对手的同类产品有着显著的差异，并以此为手段，与竞争对手进行竞争的战略
	集中化战略	在市场进行细分的基础上集中力量，或主攻某一特定的消费者群体，或主攻某个产品系列的某一品种，或主攻某一国别或地区市场，从而取得比竞争对手更高的效率或收益的战略。

3.市场营销组合战略。市场营销组合战略是由相互联系的产品策略、价格策略、营销渠道策略以及促销策略组成的一个系统化的整体战略。在环境因素允许的条件下，根据有利的市场机会选择目标市场。按照目标市场的需要和喜好，把产品、价格、渠道、促销四大可控因素组合成协调的统一体，提供给目标市场，使目标顾客满意。

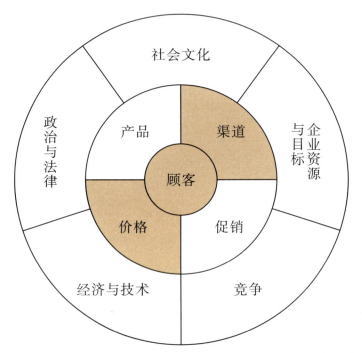

中心：目标市场　中层：可控因素　外层：不可控因素

图2　市场营销组合战略框架

4.全球营销战略。在国际经济全球化、一体化的背景下，世界市场越发开放，国外商品通过各种渠道大量涌入国内，加上国内市场已经日趋饱和，企业间的竞争白热化的趋势日益突出。在这种情形下，对国有企业尤其是具有一定实力的国有企业而言，纷纷寻求拓展国际市场的机会，采取全球营销战略以缓解国内激烈的市场竞争压力。

全球营销战略是指企业从世界的角度去考察企业的生产、流通等全部营销活动，以最低成本、最优化的营销方案去满足市场需求。

企业有效地实施全球营销战略需要注意以下几个方面。第一，了解不同国家的文化价值观。在文化日趋交融的今天，为保证跨国营销的顺利进行，必须正确认识和把握国别之间的文化差异，避免由此带来的文化冲突。第二，在全球市场细分方面，可按照全球性、国别性、混合型三种市场细分策略进行。全球性重在寻求来自不同国家的消费者在需求上的共性，如人口统计指标、购买习惯和偏好等，而不重视国界及文化差异性；国别性强调不同国家之间文化及品味上的差异，主要以地域和国籍作为基准；混合型市场细分策略则是这二者的结合，某些国别市场规模很大可是存在个别化，而另一些较小的国别市场则可组合成一个共同的细分市场，营销区域化就是属于混合型市场细分策略。第三，选择合适的战略伙伴。无论是在国外建立合资企业还是结成战略联盟，都已成为国际企业进入他国市场的普遍方式。实践证明，选择什么样的合作伙伴对于全球营销的成败起着至关重要的作用。第四，用价值竞争取代价格竞争，创造以用户满意度为核心的产品服务，只有这样，国有企业才能步入良性、健康的发展轨道，才能在激烈的市场竞争中长久地立于不败之地。

参考文献

[1] 祝海波，黄新爱，王晓晚.市场营销战略与管理 [M].北京：中国经济出版社，2011

[2] 夏德森.市场营销学 [M].北京：北京理工大学出版社，2016

[3] 殷勤凡.跨国市场战略营销学 [M].上海：立信会计出版社，2000

[4] 刘永佶.经济中国　国企改革 [M].北京：中国经济出版社，2013

思考题

1.企业制订市场营销战略的过程是什么？

2.如何看待柳工的"国际营销战略"？

第十章
国有企业参与开放合作

改革开放是决定中国命运的关键抉择，也是国企改革发展的关键抉择。深化国有企业改革发展，必须掌握国际、国内两种资料，特别是紧紧抓住"一带一路"建设的重大机遇。围绕中央"一带一路"倡议，广西要通过开展对外直接投资、对外基础设施建设、探索海外投资并购等方式加快"走出去"步伐，提升企业国际化经营水平，把自身发展与国家的发展战略结合起来，在"一带一路"建设中发挥好作用，继续深化合作。

一、国有企业参与开放合作的重大意义

当今世界正发生复杂深刻的变化，国际金融危机深层次影响继续显现，世界经济缓慢复苏、发展分化，国际投资贸易格局和多边投资贸易规则酝酿深刻调整，各国面临的发展问题依然严峻。面对复苏乏力的全球经济形势，纷繁复杂的国际和地区局面，和平发展和合作共赢始终是时代发展的主题。2013年9月和10月，国家主席习近平在出访中亚和

东南亚国家期间，先后提出共建"丝绸之路经济带"和"21世纪海上丝绸之路"的重大倡议，得到国际社会的高度关注。国务院总理李克强在参加2013年中国—东盟博览会时强调，铺就面向东盟的海上丝绸之路，打造带动腹地发展的战略支点。加快"一带一路"建设，有利于促进沿线各国的经济繁荣与区域经济合作，加强不同文明的交流互鉴，促进世界和平与发展，是一项造福世界各国人民的伟大事业。"一带一路"建设是一项系统工程，要坚持共商、共建、共享原则，积极推进沿线国家发展战略的相互对接。共建"一带一路"顺应世界多极化、经济全球化、文化多样化、社会信息化的潮流，秉持开放的区域合作精神，致力于维护全球自由贸易体系和开放型世界经济。共建"一带一路"旨在促进经济要素有序自由流动、资源高效配置和市场深度融合，推动沿线各国实现经济政策协调，开展更大范围、更高水平、更深层次的区域合作，共同打造开放、包容、均衡、普惠的区域经济合作架构。共建"一带一路"符合国际社会的根本利益，彰显人类社会共同理想和美好追求，是国际合作以及全球治理新模式的积极探索，将为世界和平发展增添新的正能量。共建"一带一路"致力于亚欧非大陆及附近海洋的互联互通，建立和加强沿线各国互联互通伙伴关系，构建全方位、多层次、复合型的互联互通的网络，实现沿线各国多元、自主、平衡、可持续发展。"一带一路"的互联互通项目将推动沿线各国发展战略的对接与耦合，发掘区域内市场的潜力，促进投资和消费，创造需求和就业，增进沿线各国人民的人文交流与文明互鉴，让各国人民相逢相知、互信互敬，共享和谐、安宁、富裕的生活。中国经济和世界经济高度关联，中国将坚持对外开放的基本国策，构建全方位开放新格局，深度融入世界经济体系。推进"一带一路"建设既是中国扩大和深化对外开放的需要，也是加强和亚欧非及世界各国互利合作的需要。

参与开放合作，推进"一带一路"建设企业是主体，政府起建立桥梁和纽带的作用，企业在"一带一路"沿线各国和地区的发展成败将在一定程度上影响和决定着"一带一路"建设能否顺利实施。国有企业尤其是中央企业在"一带一路"建设中发挥着带头和引领作用。国有企业充分运用自身技术、资金、管理和人才等各方面优势，按照市场化原则积极参与，在"一带一路"建设中发挥着不可替代的作用。

自"一带一路"倡议提出以来，共有47家中央企业参与、参股或投资，与沿线国家的企业合作共建了1676个项目。国务院国资委的数据显示，中央企业境外投资额约占我国非金融类对外直接投资的70%，对外承包工程营业额约占我国对外承包工程营业总额的60%。2014年中国共有62家承包商上榜世界250强，已有1家进入前10名，5家进入前30名。截至2014年底，共有107家中央企业在境外设立了8515家分支机构，分布在全球150多个国家和地区。"十二五"时期以来，中央企业境外资产总额从2.7万亿元增加到4.9万亿元，年均增长16.4%；营业收入从2.9万亿元增加到4.6万亿元，年均增长12.2%。中央企业境外投资额约占我国非金融类对外直接投资总额的70%，对外承包工程营业额约占我国对外承包工程营业总额的60%。中央企业在"走出去"中已经成为名副其实的国家队和主力军。

在基础设施建设方面，中央企业发挥自己的优势，如蒙内铁路等一大批铁路和高铁项目，又如喀喇昆仑公路等一大批高速公路和交通设施建设，都为当地人民的出行带来了很多方便。互联互通提供了很多连接。跨海通信光缆、陆地通信光缆及通信网络和设施的建设，都促进了当地信息产业水平的快速发展。

从能源建设方面来看，中央企业在"一带一路"沿线20多个国家建设了60多个能源项目、油气合作项目，带动了当地资源开发和能源建设。中央企业承建了中俄、中哈、中缅原油管道，中俄、中亚、中缅的燃气输送管线等，有效地解决了资源和能源的输出问题。这些年来，中央企业还承建了一大批火电站、水电站和核电站以及电网建设，为当地经济发展提供了强大的支撑。

在产能合作和园区合作方面，中央企业加强与沿线国家的产能合作，加大了园区建设力度。多个工业和制造业项目落地，有效解决了当地发展的需求，而这些发展也提升了当地经济水平，稳定了当地的就业，很多项目还大幅度增加了当地的税收，促进了当地的经济发展。比如，中央企业牵头建设的中白工业园区，取得了重要进展。

国有企业以及中央企业紧紧抓住难得的重要战略机遇期，服务国家发展战略，加快推进优势产业"走出去"。积极参与国家推进"一带一路"、周边"互联互通"、非洲"三网一化"等规划，加快推进重点项目的建设，促进相关国家经济社会共同发展。以高铁、核电、特高压、4G、重大基础设施建设等具有国际竞争优势的产业为依托，带动我国装备、技术、标准、服务、管理"走出去"，努力打造中国品牌。国有企业以及中央企业在实施"一带一路"的建设过程中，使许多国家的基础设施得到了明显改善，使当地的资源优势变成了产品优势，为当地的产品进入中国乃至走向世界提供了更多机会，从而促进了当地经济增长。而当地经济的增长又将进一步扩大就业，同时也可提高员工的技术水平和操作水平，最终将直接或间接地改善当地人民的生活水平。在参与"一带一路"建设的同时，国有企业以及中央企业也加快了自身的国际化进程。通过与沿线国家企业、员工多方面的深层次合作，更加熟悉当地的法律、政策和人文环境，国际化经营经验更加丰富，从而进一步推动了自身产品和技术的创新，提升了企业的核心竞争力。通过积极引进国外先进技术，自主技术和品牌优势逐步形成，提升了企业核心竞争能力，带动了国内产业转型升级。

广西沿海、沿江、沿边，是多个区域合作的交会点，对内对外开放潜力巨大。习近平总书记在参加十二届全国人民代表大会第三次会议广西代表团审议时指出："发挥广西与东盟国家陆海相邻的独特优势，加快北部湾经济区和珠江—西江经济带开放发展，构建面向东盟的国际大通道，打造西南、中南地区开放发展新的战略支点，形成21世纪海上丝绸之路与丝绸之路经济带有机衔接的重要门户。"明确了广西在国家实施"一带一路"倡议中的定位。国家对广西在"一带一路"建设中的新定位，为广西开放发展带来前所未有的历史机遇。广西将紧紧围绕政策沟通、道路联通、贸易畅通、货币流通、民心相通五个方面，全方位推进与周边区域和沿线国家的务实合作，着力构建国际区域经济合作新高地、面向东盟的海上丝绸之路建设先行区。广西国有企业是广西经济建设的骨干和主体，在保持广西经济平稳较快发展中发挥顶梁柱作用、在经济结构调整中发挥带头作用、在体制机制创新中发挥示范作用、在"走出去"中发挥"领头羊"作用，是发展广西地方经济、实现社会持续稳定的坚强后盾。新形势下，广西国有企业要认真贯彻落实中央的决策部署，把自身发展与国家的发展战略结合起来，在"一带一路"建设中发挥好作用，继续深化合作。

二、广西国有企业参与开放合作的实践

随着中国—东盟博览会永久落户广西，国家批准实施《广西北部湾经济区发展规划》，将广西北部湾经济区确定为重要国际区域经济合作区，将北部湾开放合作上升为国家发展战略，以及一系列

促进广西改革开放的政策措施出台和实施，使广西开放合作格局日新月异，改革开放水平不断提高，经济合作日益深化。广西国有企业按照广西壮族自治区党委、政府的决策部署，紧紧抓住千载难逢的机遇，解放思想，勇于开拓，在中国—东盟自由贸易区、21世纪海上丝绸之路和丝绸之路经济带、珠江—西江经济带、广西北部湾经济区、沿边金融综合改革试验区、跨境经济合作区、粤桂合作特别试验区、桂东承接产业转移示范区等开放开发平台建设中积极发挥骨干和引领作用，通过强化企业间协作、加强与央企合作和银企合作、积极实施"走出去"等举措，积极参与区内外开放合作，取得了丰硕成果，为广西经济保持稳增长发挥重要作用，为广西早日实现"两个建成"目标做出了积极贡献。

（一）广西国有企业参与区内外开放合作的进展

广西国有企业参与区内外开放合作起步较晚但发展迅速，既注重加强企业间的横向协作，也注重引进中央直属企业和大型民营企业直接投资，合作主体日益多元化，合作领域逐步扩大，合作行业逐步拓展，合作形式日趋多样化。广西制定了《自治区国资委贯彻落实"一带一路"倡议推动企业"走出去"指导意见》，在推进国际产能和装备制造合作、促进提质增效升级、增强企业国际投资经营水平等方面取得突出进展和较好的成效。目前，在广西国资委管理的企业中，已有超过三分之一的企业开展境外投资、对外合作业务，在23个国家和地区有合作项目，在140多个国家设立经销机构，对外投资、对外工程承包、对外贸易等海外业务逐年增加，国际化经营能力不断增强。"十三五"期间，力争企业累计对外投资总额达到100亿元、对外承包工程总额达到300亿元、出口产品销售收入达到350亿元。

1.合作进程不断加速。广西与东盟国家山水相连、民心相通、习俗相似，交往历史悠久。中国—东盟博览会、中国—东盟商务与投资峰会和泛北部湾经济合作论坛，使中国与东盟国家政治外交、高层对话、政策沟通机制不断完善，形成了中国—东盟合作的"南宁渠道"。连续11届中国—东盟博览会、8届泛北部湾经济合作论坛的成功举办，使泛北合作成为中国—东盟合作框架下的重要次区域合作，东盟国家越来越重视与中国合作中的广西北部湾渠道及南宁渠道作用。目前，东盟10国已有6国在南宁设立总领馆。广西与东盟合作的平台不断拓宽。广西与东盟国家经贸和人文交流更加密切，渠道更加畅通，形式更加丰富，缔结了42对友好城市，东盟国家在华留学生约有20%就读于广西区内大学。近年来，广西与东盟的贸易和投资规模不断扩大。据统计，目前广西直属企业中已有12户企业开展境外投资和对外合作业务，在23个国家和地区有合作项目，在140多个国家设立经销机构，境外总资产达275.91亿元，2016年实现营业收入276.6亿元，利润4.52亿元，完成境外投资7.47亿元，2017年计划境外投资17.2亿元。

2.合作主体不断增加。广西大力推动国有企业重组整合，打造了一批支撑广西产业升级、代表广西形象的大企业大集团，广西国资委监管企业由最多时的46户减少到目前的24户，广西投资集团、建工集团、柳钢集团、港务集团、玉柴集团5户企业进入2016年中国企业500强。国有企业布局结构不断优化，目前，广西国有资本主要分布在冶金、机械、电力、建筑、交通运输、社会服务、金融、房地产等领域，占国有资产总额的91.87%。

国有企业一直在广西经济发展中发挥着领航作用，在"走出去"的过程中，发挥着龙头企业的带动作用。例如，柳工集团海外业务已占业务总量35%以上，在14个国家和地区设立工厂和机构，工程机械产品出口稳居全国前三位。广西建工集团第一安装有限公司积极融入"一带一路"建设，重点开拓东南亚和非洲的糖业建设项目，截至2017年4月，已完成泰国三个糖业EPC总承包项目和埃塞俄比亚一个糖业安装项目，完成海外营业收入超过30亿元，其中承建的泰国乌泰他尼糖厂项目荣膺中国建筑业最高奖项——鲁班奖（境外工程），成为全国首个境外EPC糖厂建设鲁班奖项目，也是广西首个境外鲁班奖项目。

与广西国有企业合作的企业逐年增加，我国大部分的大型中央直属企业、国内著名的大型民营企业和国外知名的企业参与其中。以广西投资集团为例，广西投资集团先后与神华集团、中国大唐集团、中铝集团、五矿集团、中广核、中石油、中石化等中央企业实施高位嫁接，携手广东广亚铝业、佛山和喜、强强碳素等先进民企合作，引中央企业、民营企业入广西，龙滩水电站、华银氧化铝项目、防城港核电、大藤峡水电站、神华国华广投北海能源基地、神华国华广投防城港煤电一体化项目等自治区级重点工程项目顺利实施。同时，广西投资集团与广西北部湾投资集团、广西宏桂资产经营集团共同投资总规划面积100平方公里、总投资约160亿元的广西龙象谷国际旅游度假区项目，并引入香港观澜湖集团和云南城投集团成立广西云桂骏豪文化旅游投资公司，共同合作开发龙象谷生态城项目，引进国际品牌澳洲威秀公司运营水主题欢乐园，引进国际教育机构华澳公司投资建设国际教育学校和外国语学校，引进国际知名品牌万豪酒店集团运营管理四星级酒店等。

3.合作领域不断扩大。产业合作深入推进，合作领域不断拓展，由过去的以能源、化工、有色金属等传统产业投资向金融、文化、旅游、电子、新能源等新兴产业拓展，由项目合作向干部交流、人才引进、技术协作等方面拓展，合作方式从最先的直接投资、输出设备、工程承包，向共建产业园、直接建厂、服务贸易等转变。广西与马来西亚、印度尼西亚、柬埔寨、泰国等国共同建设了产业合作园区，正积极推进跨境经济合作区建设，大湄公河次区域合作，加快建设中马"两国双园"、东兴国家重点开发开放试验区等平台，中马钦州产业园区建设马中关丹产业园钢铁项目一期正式动工，中国·印度尼西亚境外经贸合作区建成运营，钦州保税港区二、三期和北海出口加工区 B 区一期工程通过验收。加强与东盟各国的技术合作，分别与泰国、柬埔寨、老挝、缅甸共建技术转移合作中心。广西国有企业在当中起着不可替代的作用：广西农垦集团承建中国·印度尼西亚经贸合作区，开创了广西企业承建国家级经贸合作区的先河；广西八桂田园承建的埃塞俄比亚农业技术示范中心，成为两国友好合作的典范；2009 年，柳工集团印度工厂建成投产，成为广西企业在海外建立的首个大型生产制造基地。近年来，随着合作领域不断扩大，一大批对外投资龙头企业、对外承包工程龙头企业迅速成长起来。从 2007 年至 2011 年，短短 4 年间，广西对外投资合作实现了投资额、承包工程完成营业额均翻两番。一批中央企业的高端人才到广西挂职任职，同时一批广西党政和企业的干部选派到中央企业挂职锻炼，为广西培养了大批的企业经营管理人才。

4.合作基础不断夯实。广西是我国唯一与东盟陆海相连的省区，处在西南经济圈、华南经济圈和东盟经济圈的结合部，连接着中国与东盟两个广阔市场，既是我国西南地区最便捷的出海大通道，也是东盟国家进入中国市场的重要海陆通道。广西处在"一带一路"最便利对接的交会点和关键区域上，拥有钦州保税港区、凭祥综合保税区、南宁保税物流中心、北海出口加工区等开放合作平台，具有为西南、中南地区乃至中亚各国开拓东盟市场，以及为东盟国家进入中国乃至中亚市场提供服务的良好条件。巨大的港口和便利的物流，使广西成为面向东盟，服务我国西南和中南地区开放发展新的战略支点和合作通道。近年来，广西坚持江、海、陆、空并进，优先发展交通，积极打造面向东盟的港口联盟、陆路通道和航空枢纽，现代交通网络主骨架基本形成。2015年，广西高铁动车运营里程突破1700多公里，随着一大批重大铁路项目和枢纽站场的实施建成，初步形成以南宁为中心的"12310"小时交通经济圈，广西作为我国西南、中南地区开放发展新战略支点的交通枢纽地位日益显现。高速公路通车里程达3754公里；广西北部湾港已建成生产性泊位249个，年吞吐能力超过2亿吨；2014年9月，南宁机场新航站楼投入使用，同时成功引进了瑞丽航空、浙江长龙航空、新加坡虎航等新的航空公司，新开了遵义、运城、榆林、甲米等国内外通航点，日均进出港航班量由年初的220架次增至目前的240架次。已开辟至新加坡、曼谷、海防、胡志明、巴生等港口多条直达航线。随着航空网、高铁网、高速公路网、珠江—西江黄金水道建设的不断完善，北通南达、东进西联的现代立体交通网络，将使广西战略支点的服务功能更加凸显。通过深化与西南、中南区域的合作，与周边省达成共识，推进产业园区、交通、能源、生态、港口、旅游等一批合作事项。实施北部湾经济区口岸通关一体化方案，推动"三个一"合作和"六市一关"，大大缩短了企业办理查验时间。

　　5.合作效益不断显现。以2012年国务院国资委与广西壮族自治区政府签署战略合作备忘录、成功举办中央企业广西行活动为标志，中央企业与广西的合作又迈上了一个新的台阶。截至2014年，广西累计与中央企业签署合作项目共125个，投资总额6085亿元。在已签署的125个合作项目中，有4个项目已完工；在建项目56

个，总投资 483 亿元。其中，中石油钦州 1000 万吨炼油项目，投资达 152 亿元；中广核防城港核电站项目，一期投资达 256 亿元；华润集团整合广西水泥产业，建立了 7 个水泥生产基地、17 条新型干法水泥生产线，为广西加快调整优化产业结构、实现水泥产业绿色升级做出了重大贡献。2015 年，中央企业广西行暨合作项目签约仪式于 4 月 17 日在南宁成功举行。国务院国资委党委书记、主任张毅和广西主要领导、分管领导出席活动，62 家中央企业、31 家中央企业驻桂企业和区直有关部门负责人、各市主要领导和分管领导，以及 30 家广西直属企业参加活动。通过举办中央企业广西行活动，与中央企业成功签约了一批合作项目，广西壮族自治区人民政府与中国五矿集团签署战略合作协议，14 个市、13 个县（区）、15 家企业与 32 家中央企业签订项目合作协议 50 个，投资额 1660.61 亿元，标志着广西与中央企业的合作谱写新篇章、迈上新征程。2014 年，广西国资委通过在广西国有企业征集和筛选优势项目，创新地将国有企业与非公有制资本对接合作放到产权交易市场，利用公平、公开、公正的交易平台进行集中推介，构筑国有企业与非公有制资本深度交流、相互融合的通道，2014 年共推出 86 个国有企业项目，涉及交通、能源、农林、物流、商贸、旅游等多个领域，通过投资合作、产权装入、增资扩股等方式计划引入非公有制资本 325 亿元。2012 年 9 月，柳工集团引进美国康明斯公司到柳州投资办厂，2014 年销售广康发动机超过 5000 台，销售收入 2.13 亿元。2013 年 5 月，柳工集团引进德国采埃孚公司到柳州投资办厂，主要建设工程机械驱动桥项目。2013 年 12 月，柳工集团与芬兰美卓矿机合资设立的柳工美卓建筑设备（上海）有限公司注册成立，生产履带式移动破碎筛分站，总投资 3600 万元，2013 年完成投资 900 万元，2014 年完成投资 900 万元。

　　6.金融合作不断推进。广西国有企业采用"多条腿走路、多轮子滚动"的办法，拓宽融资渠道，主动与金融机构沟通，获得了各驻桂金融机构的大力支持。各驻桂金融机构也充分发挥开发性金融优势，通过直接贷款、授信、承销债券等多种方式为广西国有企业提供资金保证。借助李克强总理提出的将广西建设成为中国西南、中南地区开发发展新的战略支点，借助中国—东盟自由贸易区建设和云桂沿边金融综合改革试验区蕴含的金融发展机遇，广西投资集团国海证券成功实现配股32.5亿元，成为目前广西区内市值最大上市公司，并跻身有证券市场整体走势"晴雨表"之称的"沪深300指数"，集团顺利注资北部湾银行成为第一大股东，逐步构建银行、证券、保险、小贷、担保、基金、信托、财务公司等较为完整的金融产业链。广西金融投资集团以2008年成立之初广西政府财政注入的1.5亿元现金和划转的广西中小企业信用担保公司2亿元资产起家，六年多来，围绕发挥金融乘数效应、支持全区经济发展这个宗旨，通过提供担保贷款、应急资金贷款、委托贷款、金融租赁、创业投资、信托融资、财产保险、基金理财等系列"拾遗补阙"综合金融服务，累计为广西经济发展投资和撬动资金超过2188亿元，自身也得到了发展壮大，形成有收入的经营资产658亿元，账面资产达353.33亿元，员工从成立时的3人增至3067人，机构网点遍布广西各市县区。广西北部湾银行发挥总部银行的区位优势，为粤桂合作特别实验区企业提供快速、便捷、优惠的信贷支持，以支持试验区为核心，重点关注珠江—西江经济带的发展，为西江经济带建设以及沿岸企业提供全方位的金融服务。同时，依托广西北部湾银行"微贷""微小贷"的产品优势，优先考虑在试验区设立小微特色支行，致力于扶持、服务当地中小企业和个体工商户，助推粤桂合作特别试验区经济发展。

7."走出去"战略初见成效。目前,广西国资委管理企业有12家企业在境外投资办厂、承包工程、设立分支机构,共注册境外及港澳台地区子公司33家,员工总数15066人,总资产225.07亿元。其中,柳工集团在印度、波兰等12个国家和地区设立子公司,在全球20多个国家设立销售服务机构,产品覆盖全球50多个国家,综合实力进入全球工程机械20强,销售业绩最好的海外子公司之一柳工机械拉美有限公司2013年销售各类工程机械产品1900多台,销售收入8300万美元,在工程机械行业中国品牌中排名第二,在世界品牌中排名第十一;广西投资集团与印度尼西亚国家矿业公司签订《印度尼西亚氧化铝项目合作框架协议》,拟共同投资建设印度尼西亚加里曼丹省氧化铝项目,项目总规划年产320万吨冶炼级氧化铝,一期建设规模年产160万吨氧化铝,一期项目总投资预计将达18亿~20亿美元,将创下中国在印度尼西亚工业制造项目单笔海外最大投资金额的纪录。广西国宏集团在柬埔寨设立大米加工厂;广西大锰锰业公司收购控股新加坡彩虹公司,实现控股南非一座矿山股权;北部湾国际港务集团在印度尼西亚投资港口码头、在马来西亚投资马中关丹产业园项目和收购关丹港项目等。

(二)广西国有企业参与开放合作存在的问题

1.开放合作意识有待提高。广西是个多民族聚居省份,与先进沿海省市相比不少广西国有企业领导班子获取信息相对滞后,开放合作意识不强,开放合作措施不力,合作方式不适应市场经济要求,合作模式缺乏创新,导致参与区内外开放合作程度不高,效果不够理想。

2.广西国有企业总体实力不强。广西国有企业仍处在结构调整、转型发展、爬坡过坎的阶段,前几年的扩投资高增长转入消化期、调整期，部分潜在风险进一步集中显现；经济放缓、产能过剩等矛盾突出，融资难度加大，以及市场需求不足、大宗商品价格波动较大等外部因素，使企业平稳运行面临较大压力；广西国有企业目前多数还停留在粗放型发展状态，部分企业的市场主体地位没有确立，自主创新能力不强、产业结构不优、产品结构不合理，企业核心竞争力和抗风险能力还不够强。总体实力不强，导致参与开放合作的话语权不足，参与力和竞争力相对较弱。

3.部分企业项目建设资金缺乏。从近年来广西国有企业经营情况看，部分企业由于国有资本金投入不足，企业投融资能力受到较大影响。广西功能类国有企业以完成政府重大专项或战略任务为主，承担着铁路、公路、开发区等建设任务，这些企业均不同程度地存在着较大的国有资本金投入缺口。例如，广西交通投资集团根据广西县县通高速公路部署，新开工河池至百色、乐业至百色等8个项目，建设里程1100公里，总投资968亿元，筹融资压力巨大。同时，政府性债务管理进行改革，集团债务范围、额度不确定，部分优质公路资产是否划转等不确定性影响企业融资工作。部分竞争类企业国有资产资本金到位不足，影响企业投融资能力。

4.企业融资方式受国家政策影响较大。《关于加强地方政府性债务管理的意见》（国发〔2014〕43号）明确规定融资平台公司不再履行政府融资职能，除国家政策允许的在建项目后续融资外，融资平台公司不得新增政府债务，而广西交通投资集团、广西铁路投资集团、广西投资集团、北部湾投资集团等功能性企业项目建设资金来源主要依靠政府性资金作为项目资本金及银行融资，从2016年开始，高速公路、水务等有一定收益的社会公益性项目将无法从银行取得资金，这将从根本上改变这些项目的融资方式。

5.广西国有企业境外投资经验不足。广西国有企业开展境外投资业务的时间较短，以广西国资委管理企业为例，下属的33家境外子公司中，设立年限在5年以内的有20家，5~10年的有8家，10年以上的有5家，分别占企业总数的60.61%、24.24%和15.15%，企业缺乏境外投资的经验，缺乏从事境外投资所需的专业人才，对国外的政治、经济、法律、贸易、劳工等政策不够熟悉，对投资所在国的投资环境了解不深，应付处理东道国复杂政治社会关系的能力和风险管控能力还比较弱。有的企业国际化认识不明确、战略不清晰，造成国际化盲动，一些项目匆忙决策，有的竞购项目不惜抬高成本，导致收购后财务压力巨大，企业经营困难。一些企业法律观念比较淡薄，经营不够合规合法，在东道国遭遇不公正待遇招致损失后，不善于通过法律手段维护自己的投资权益，而习惯于寻找中国政府以及驻外使馆，或依赖当地政府官员，希望通过政府沟通解决投资中的纠纷。部分企业忽视国际化专业中介服务机构的作用，为节省投资成本，放弃聘请有丰富经验的国际化投资服务机构，结果因专业经验欠缺及项目尽职调查不充分、方案设计有遗漏等原因，导致"走出去"的个别项目难以正常运营甚至投资彻底失败。

三、深化广西国有企业参与开放合作的总体思路

在基础性产业领域，引导广西国有企业向"一带一路"沿线国家和地区投资布局，重点参与交通、能源、建筑等基础设施建设工程总承包与战略性资源开发；在优势产业领域，鼓励和引导广西直属企业加强国际产能合作，打造跨境产业链；在现代服务业与战略性新兴产业等领域，推动与发达经济体和新兴经济体的高端合作。

（一）基本原则

坚持企业自主、政府引导。要以市场为导向，坚持企业在市场

竞争中的主体地位，按照国际惯例和商业原则开展国际产能和装备制造合作，企业自主决策、自负盈亏、自担风险。政府和监管部门加强统筹协调，制定发展规划，改革管理和服务方式，完善支持政策，营造良好环境，为企业"走出去"创造有利条件。

坚持因地制宜、稳健推进。结合广西及企业自身实际，有意向有条件"走出去"的企业，要以制造能力强、技术水平高、国际竞争优势明显、国际市场有需求的行业为重点，近期以亚洲周边国家和非洲国家为主要方向，根据不同企业和行业的特点，有针对性地采用贸易、承包工程、投资等多种方式有序推进；有转方式、调结构任务的企业，要优先选择中央企业和大型民企进行混搭合作。

坚持注重实效、互利共赢。注重务实合作，用实招，求实效，不搞花架子，不图虚名，切实推动广西优势装备、技术、标准和服务"走出去"，促进经济发展和产业转型升级。根据客观实际，充分考虑国情、省情和实际需求，注重与当地政府和企业互利合作，共建、共管、共生、共赢，共同发展。

坚持量力而行、防控风险。对外合作服务和服从于国家经济外交整体战略，进一步强化我国比较优势，在充分掌握和论证相关国家政治、经济和社会情况的基础上，积极谋划、合理布局，有力有序有效地向前推进，防止盲目跟风和恶性竞争，切实防控各种风险，提高对外合作的效用和水平。

（二）基本思路

1.积极发挥政府职能部门的作用。围绕"政策沟通、设施联通、贸易畅通、资金融通、民心相通"五个方面，发挥好政府职能部门的作用。

第一，要继续完善高层对话平台。坚持高层引领，打造中国—

东盟博览会、中国—东盟商务与投资峰会、泛北部湾经济合作论坛升级版，赋予"一带一路"研讨、宣传推介的功能，加强顶层设计和战略谋划，促进政治互信，达成合作新共识。积极争取更多涉及"一带一路"的东盟国家、泛北合作的交流合作机制平台落户南宁，与沿线国家、东盟各国创新开展多层次、多领域的合作对话，形成各有侧重、主题鲜明、特色突出的高层对话平台以及专业合作平台，加强政府间合作，积极构建多层次政府间宏观政策沟通交流机制，充分交流对接，共同制定推进区域合作的规划和措施，务实深入推进各领域交流合作。

第二，要继续推进设施联通建设。加快海上通道建设，完善集疏运体系，深化通关体制改革，加强与沿线重要港口合作，打造区域性航运中心。加快陆路通道建设，优先打通缺失路段、畅通瓶颈路段，提升道路通达水平，着力贯通我国西部地区与中南半岛、衔接"一带一路"的南北陆路战略新通道。加快珠江—西江黄金水道建设，提升内河通航能力，完善沿江综合交通运输体系，构建沟通西南地区与粤港澳的水上通道，实现江海联动。加快航空中转枢纽建设，拓展与沿线国家民航的合作，构建干支衔接、便捷快速的空中走廊。加快信息交流中心建设，推动跨境光缆等通信干线网络建设，建设中国—东盟信息港，完善信息共享机制，打造服务"一带一路"建设的信息枢纽。

第三，完善国有企业参与广西区内外开放合作相关的政策措施。政府各部门应从各自的管理权限和部门目标出发，制定国有企业参与广西区内外开放合作相关的政策措施，提供坚实支撑和强有力保障。抓好产业合作，提升开放发展的层次和水平。着眼加强与西南、中南地区的产业合作，积极承接粤港澳台等东部地区产业转移，制定规划和落实措施，合作建设临港产业园，促进临港产业集聚发展。总结推广"两国双园"模式，创新发展跨境经济合作区和产业园区，积极推进南宁—新加坡经济走廊建设。深化与沿线国家的经贸合作，依托港口、口岸、城镇和交通干线，扩大边境贸易、加工贸易规模。着力研究解决投资贸易便利化问题，消除贸易和投资壁垒，积极同沿线国家和地区共同商建自由贸易区。改善边境口岸通关设施条件，加快边境口岸"单一窗口"建设，降低通关成本，提升通关能力。拓宽贸易领域，优化贸易结构，挖掘贸易新增长点，促进贸易平衡。发展跨境电子商务等新的商业业态，大力发展现代服务贸易。加快投资便利化进程，消除投资壁垒。

2.发挥广西国资委作为出资人的重要作用。广西国资委应为国有企业参与"一带一路"建设营造良好的环境和氛围，比如，政策的支持、考核评价的支持，以及风险管理和分析，使企业在"一带一路"的参与过程中，真正得到互利共赢，能够积累国际化经验。指导国有企业围绕主业，制定和完善开放合作战略规划，明确重点领域、重点区域和重点项目。建立健全企业投资和产权管理、人才队伍建设、薪酬分配、国有资本经营预算、企业党建、廉洁从业、社会责任等制度体系。分类研究风险防范，指导企业健全经营、财务、法律和安全等各种风险防控机制。研究制定分类考核办法，鼓励企业开展长期战备投资的考核方式，建立健全考核约束机制和责任追究机制。加强对国有企业开放合作经营的指导、协调和服务。加强与相关部门沟通，加大对开放合作重点项目的协调。同时，要指导国有企业加强自身能力建设，特别是应加强对国有企业海外投资的系统培训，主要是国外的经济法律、产业政策、市场知识乃至社会风俗的学习，以便做好应对各种复杂问题的人才和知识准备。同时，国有企业在开放合作过程中，也要主动加强与政府的汇报和沟通，积极运用政府掌握的信息资源，根据政府部门相关管理制度制定企业自身制度，强化风险管控机制。

3.充分发挥社会机构的服务支持作用。国有企业要进一步提升开放合作经营水平，还应重视借助"外脑"，设立合理机制鼓励社会机构进行专题研究。

第一，充分重视社会智库的研究成果和意见建议。非政府组织、社会团体和科研机构，因其中立地位使其研究、分析更为客观，而且队伍数量庞大，拥有较之于企业本身更为庞大、门类齐全的技术、科研和分析力量，所产出的研究成果也更丰富。各国有企业要高度重视社会智库的研究成果，充分听取意见、建议，为企业科学决策打下基础。

第二，积极开展与项目所在地民间机构的合作。任何国家和地区，都存在一定数量的非政府组织、独立研究机构或团体，他们拥有与政府不同的视角或者诉求，同时也可能拥有着政府所不具备的社会感召力。结合"一带一路"建设，弘扬"丝路精神"，深化人文交流，吸引政治精英、青年领袖、社会活动家、著名学者、媒体人士、骨干教师等到广西研修培训，合力打造人力资源区域性国际培训基地。发挥海外侨胞的桥梁作用，深化青年、智库、非政府组织、社会团体等友好合作，引导民间开展丰富多彩的交流。

第三，充分发挥专业机构的服务作用。国有企业在开放合作的过程中，也需要适当运用外部力量提供的服务，为投资决策提供意见和建议。例如，资产评估、法律、财务、知识产权和认证等专业咨询服务，还可以充分发挥相关行业商（协）会和中介组织的作用，加强行业自律，帮助企业规范经营行为，推动企业间共谋合作、共赢发展。

4.选准开放合作的突破口。根据我国关于"一带一路"建设的总体部署，结合广西的实际情况，选准广西国有企业参与国内外开放合作的突破口，主动融入国家经济发展战略，加大与中央企业、周边地区经济融合发展力度，积极推进产业梯度转移，共同打造优势产业集群，不断优化区域布局结构。在贸易方面，拓宽贸易领域，优化贸易结构，挖掘贸易新增长点，促进贸易平衡。创新贸易方式，发展跨境电子商务等新的商业业态。建立健全服务贸易促进体系，巩固和扩大传统贸易，大力发展现代服务贸易。把投资和贸易有机结合起来，以投资带动贸易发展。在对外投资方面，着眼于加快投资便利化进程，消除投资壁垒，加强双边投资保护协定、避免双重征税协定磋商，保护投资者的合法权益。继续发挥广西国有企业在农机制造、钢铁冶炼、农产品流通等方面的优势，与东盟国家开展农林牧渔业、农机及农产品生产加工等领域深度合作，积极推进北部湾海水养殖、远洋渔业、水产品加工、海水淡化、海洋生物制药、海上旅游等领域合作。鼓励柳工集团、柳钢集团、广西汽车集团、北部湾港务集团等竞争力相对较强的国有企业加快"走出去"步伐，加大投资并购力度，提升国际化经营水平。强化大局观念和国有企业协同作战理念，加大煤炭、油气、金属矿产等传统能源资源勘探开发合作，积极推动水电、核电、风电、太阳能等清洁、可再生能源合作。依托中央企业，推动新兴产业合作，按照优势互补、互利共赢的原则，加强在新一代信息技术、生物、新能源、新材料等新兴产业领域的深入合作，推动建立创业投资合作机制。在资金融通方面，扩大与东盟国家双边本币互换、结算的范围和规模，加强金融监管合作。以国家推进亚洲基础设施投资银行、金砖国家开发银行建设为契机，加快丝路基金组建运营，发挥好广西金融投资集团、广西北部湾银行、广西农村信用社等本地金融机构的职能作用，提供及时到位的金融服务。在产业合作方面，优化产业链分工布局，推动上下游产业链和关联产业协同发展，鼓励建立研发、生产和营销体系，提升区域产业配套能力和综合竞争力。着眼于东盟国家，扩大服务业相互开放，推动区域服务业加快发展，共同合作建设好境外经贸合作区、跨境经济合作区等各类产业园区，促进产业集群发展。

（三）具体措施

1.健全境外投资监管体系。国务院国资委通过出台《中央企业境外投资监督管理暂行办法》《境外资产监管办法》和《境外产权管理办法》逐步形成对中央企业境外国有资产监督管理的制度体系。广西国资委将在此基础上不断完善符合广西实际情况的境外投资监管体系。如国务院国资委规定"将境外企业纳入中央企业业绩考核和绩效评价范围并进行抽查审计"，广西国资委可结合广西国有企业实际，制定考核指标、考核办法、考核周期以及考核标准。对监管内容进行细化管理，主要包括对垄断性和竞争性的国有企业进行分类管理，鼓励竞争性的国有企业参与市场化的竞争；与国有企业境外分支机构以契约化的方式确立国有资产保值增值的权责利关系等。只有不断地健全完善国有企业境外投资监管体系，国有企业才能在有法可依有规可循的制度下有的放矢，既能摆脱畏首畏尾、瞻前顾后、因循守旧的理念，又能减低国有企业盲目对外扩张导致国有资产流失的风险。此外，指导广西国有企业完善内部投资管理办法及境外投资管理办法，区别对待境内投资和境外投资，进一步规范投资行为。建立健全企业境外投资、资产、产权管理的规章制度及监督审计机制，并规范运作。企业内部还应培育良好的风险管理文化、完善的风险管理程序和严格执行风险控制制度。

2.加快国资国企重组整合，提高开放合作综合竞争力。广西正在成为一个多区域合作的交会点和经济合作的活跃地区，正在成为广西区外、国外企业走向中国西南部和东南亚的平台和跳板。作为广西经济发展主力军的国有企业，要充分发挥骨干带动作用，推动经贸合作与交流向更大规模、更高层次发展。必须切实加快国有经济的战略性结构调整，要以整合为手段，大胆探索国有资本存量调整的有效途径。可采取纵向收缩投资级次、横向收缩分布跨度、点上收缩股权比重的办法实现国有资本集约化配置，以构建工程机械、汽车、林浆纸、有色金属、钢铁锰业、电力、制糖等板块的核心竞争力为重点，将国有资本向优势企业集中，将资金向重点行业、重点企业和重点产品集中，实行关联企业集中整合、国有资本集约配置，最终将国有资本集中到产权链的核心部位、产业链的关键部位和价值链的高端部位。

开放合作要依靠龙头企业发挥引领作用，推动国有企业整合资源，共同搭建"走出去"平台，实现"联合出海、抱团发展"，以更加坚实的姿态步入新的合作台阶。目前广西国资委监管企业由46家重组整合为24家，2020年前广西本级将打造20户营业收入过百亿元的优势国有企业，打造3~5户营业收入过千亿元的强优国有企业。

3.加大财税专项扶持及审批支持力度。深化资源性产品价格改革，制定税费专项扶持政策，加大海外资源勘探开发及国内重组并购的财税专项政策支持。充分发挥税收政策的杠杆调节与激励作用。针对企业在海外收购资源项目、开展生产经营活动难度很大、短期内难以实现整体盈利的情况，可按照国际税收惯例，允许企业用境外营业亏损抵减境内营业盈利，促进企业形成持续、内外联动的经营模式。适度加大企业研发投入成本的税前扣除力度，鼓励企业加快技术改造和设备更新换代。广西发改委、商务厅等有关部门要扩大广西国有企业"走出去"项目的指导和加快审核。

4.加强金融主体建设，推动银企合作。拓展相互投资领域，着眼加强金融主体建设，吸引更多中外金融机构入驻广西，特别是与"一带一路"和中国—东盟自由贸易区密切相关的国际性、区域性新型金融机构落户南宁。推动国内大型金融机构加快组建面向东盟的货币清算、结算及相关业务中心，完善银行、保险、信托、证券、金融租赁公司等各类金融组织体系，发展地方多层次资本市场。加快建设具有广西特色、面向东盟的大宗商品现货和期货交易中心、股权交易中心和电商平台。用好沿边金融综合改革试验区平台，深化与东盟国家的金融合作，创新跨境人民币业务，扩大人民币跨境流动和使用规模，在推进中国与东盟货币稳定体系、投融资体系和信用建设上发挥重要作用。积极贯彻落实国家和广西加强银企对接促进产融合作的战略部署，全面推动国资与金融机构的深入合作，为国有企业"十三五"时期参与开放合作提供坚实的金融支撑。强化与社会各类资本的联动，着力打造良好的资本生态。

5.搭建人才人力开发平台。人才是广西国有企业参与开放合作的重要战略资源。总体而言，广西高层次人才仍然是十分紧缺的，通过搭建人才人力开发平台，加强广西国有企业科技人才交流与合作培养，是确保人才发展战略的重要措施之一。首先，建立广西人才教育培养基地。依托广西拥有众多高校的教育优势，设立相关产业人才培训机构及实习基地，进行人才的教育与实训，培养出能够为广西地区开放合作及经济发展做出实质贡献的人才队伍。其次，完善外来人才引进优惠政策。建立广西人才引进快速通道，鼓励并支持广西大型国有企业引进外来人才，制定优惠政策吸引外来高学历人才及国外优秀专业人才到广西安家落户。最后，促进广西与国内外人才交流与互动。广西国有企业应该着力促进人才的相互流动，进而调整人才结构，以建立更符合当地经济发展的人才队伍。

6.构建信息资源沟通共享平台，展示开放合作姿态。充分利用中国—东盟博览会、中国—东盟商务与投资峰会、泛北部湾经济合作论坛平台，引导和帮助企业打开面向东盟的合作窗口。充分利用中国—东盟自由贸易区、"两廊一圈"和泛北部湾经济合作区等政策机遇，丰富对东盟经贸合作的主体。广西国资委、广西商务厅等单位充分发挥政府引导的作用，可以有针对性地组织有实力的大型企业到广西考察对接，也可以组织广西国有企业走出去实地交流对接，实现广西区外、国外大型企业与广西本土国有企业精准对接。

参考文献

[1] 曹冬英."一带一路"战略中广西的SWOT分析及发展途径研究[J].学术论坛，2015（3）

[2] 胡建华.广西参与"一带一路"建设对策探究 [J].开放导报，2014（5）

[3] 贾雷.力促广西面向东盟开放合作达到更高水平：在中国—东盟自由贸易区建成之初的思考 [J].企业科技与发展，2010（5）

[4] 张家寿.广西参与"一带一路"对外开放的战略布局 [J].桂海论丛，2015（5）

思考题

1.国有企业在参与开放合作中发挥了哪些重要作用？
2.广西国有企业参与开放合作有哪些基本原则和思路？

第十一章
国有企业坚持党的领导、加强党的建设

国有企业要真正成为中国特色社会主义的重要物质基础和政治基础、成为中国共产党执政兴国的重要支柱和依靠力量，关键要坚持党的领导。习近平总书记在全国国有企业党的建设工作会议上指出，坚持党的领导、加强党的建设，是国有企业的"根"和"魂"，是我国国有企业的独特优势。新形势下，要切实解决国有企业存在的不同程度的党的领导、党的建设弱化、淡化、虚化、边缘化等问题，加强和完善党对国有企业的领导、加强和改进国有企业党的建设，为做强做优做大国有企业提供坚强组织保证。

一、国有企业坚持党的领导、加强党的建设的重大意义

改革开放尤其是党的十八大以来，我国经济发展稳中有进，国有经济的战略地位和独特优势不断凸显，这与坚持国有企业党的领导、加强党的建设密切相关。长期实践证明，坚持党的领导、加强党

的建设，是我国国有企业的光荣传统和独特优势。当前，国有企业改革正处于攻坚期和深水区，改革任务重大且复杂，以遵循最新政策为根本，在深化国有企业改革中坚持党的领导不动摇、不断加强党的建设中，具有重要现实意义。

（一）坚持党的领导、加强党的建设，是国有企业的光荣传统和独特优势

新中国成立后，国有企业在党的领导下建立、发展和壮大，为我国经济社会发展、科技进步、国防建设、民生改善做出了历史性贡献。改革开放后，我们党积极探索经济体制改革的有效路径，统筹推进国有企业改革和国有企业党的领导、党的建设进程，始终保证国有企业在正确的改革方向上不断推进，取得了突破性进展。习近平总书记指出："坚持党的领导、加强党的建设，是我国国有企业的光荣传统，是国有企业的'根'和'魂'，是我国国有企业的独特优势。"这种独特优势，一是赋予了国有企业不同于一般企业的战略定位，既作为经济主体按照企业规则参与市场竞争，又作为政府职能的某种延伸向关系国家经济命脉的领域和行业集中；二是决定了国有企业落实从严治党要求的历史使命，既要有效利用好"国有"经济属性的特殊价值，从思想上行动上组织上坚守党的重要阵地，又要实现国有企业改革发展与党的健康发展的有机统一。长期以来，党的政治核心作用得到充分发挥，国有企业的改革发展有了坚强的政治保障，在经过几轮改革之后，总体上实现了同市场经济的深度融合，进入了良性运转、健康发展状态。现阶段加强国有企业党的领导和党的建设是必要的，也是可行的，必须抓紧抓实抓好。

（二）坚持党的领导、加强党的建设，是新时期深化国有企业改革和全面从严治党的必然要求

习近平总书记深刻指出，做强做优做大国有企业，最根本的是加强党的领导。加强党的领导，必须强化党的领导核心和政治核心作用，确保国有企业的领导权牢牢掌握在党的手里。

国有企业改革正处于攻坚期和深水区，虽然总体上已经同市场经济相融合，但是仍然存在一些亟待解决的突出问题，如现代企业制度不够完善，一些企业效率低、亏损大，国际国内市场活力和竞争力有待提高，国有资产监管体制不够健全，国有资产流失严重，个别国有企业领导层出现大面积腐败，等等。要从根本上解决这些问题，并非易事，必须认真做好决策部署，全面推进，重点突破，下定决心、花大力气将国有企业改革不断引向深入。为此，党的十八届三中全会提出要进一步深化国有企业改革，中共中央、国务院正式下发《关于深化国有企业改革的指导意见》，国务院国资委围绕指导意见制定完善了7个专项文件、36个配套文件，地方也结合实际制定了一系列改革配套文件，由此我国国有企业改革进入了实质推进阶段。这个阶段的改革任务比以往任何一个时期都要繁重，面临的现实矛盾和潜在风险也更加复杂，因而必须毫不动摇地坚持党的领导、加强党的建设，这样才能保证国有企业改革发展方向始终正确不偏离，才能为深化国有企业改革提供坚强的政治保证、组织保障和人才支撑。

一些国有企业存在严重的腐败现象，暴露了我们党对国有企业的领导弱化的严峻问题。加强党对国有企业的领导和党的建设，是全面从严治党的内在要求。近年来，一些国有企业党的领导、党的建设弱化、淡化、虚化、边缘化问题以及违法乱纪、以权谋私、贪

污腐败现象比较突出，成为国有企业进一步改革与发展的重要障碍。坚持党的领导、加强党的建设，既是深化国有企业改革的必然要求，也是全面从严治党的内在需要，必须一以贯之、狠抓落实。

（三）在深化国有企业改革中坚持党的领导、加强党的建设，必须以最新部署为基本遵循

党的十八大以来，以习近平同志为核心的党中央高度重视国有企业党的建设工作，针对国有企业深化改革中面临的困难和问题，做出了一系列新部署。

2013年，中共中央办公厅转发了《中央组织部、国务院国资委党委关于中央企业党委在现代企业制度下充分发挥政治核心作用的意见》，明确了党委发挥政治核心作用的内涵、要求和规则程序。2015年，中央印发了《关于深化国有企业改革的指导意见》（简称《指导意见》）和《关于在深化国有企业改革中坚持党的领导加强党的建设的若干意见》（简称《若干意见》）。《指导意见》指出，要"把加强党的领导和完善公司治理统一起来，将党建工作总体要求纳入国有企业章程，明确国有企业党组织在公司法人治理结构中的法定地位"。《若干意见》强调："在国有企业改革中，坚持党的建设同步谋划、党的组织及工作机构同步设置、党组织负责人及党务工作人员同步配备、党的工作同步开展。"这两份文件成为新时期加强国有企业党的领导和党的建设的指导性文件。2016年10月10日至11日，习近平总书记在全国国有企业党的建设工作会议上发表"坚持党对国有企业的领导不动摇，开拓国有企业党的建设新局面"的重要讲话，对如何全面解决党的领导、党的建设弱化、淡化、虚化、边缘化问题，如何发挥企业党组织的领导核心和政治核心作用问题，如何检验党组织的工作和战斗力问题，如何发挥党组

织对国有企业选人用人的领导和把关作用问题都提出了明确的要求。为新形势下加强国有企业党的领导和党的建设提供了根本性指导。

党中央完善出台的最新部署，具有很强的战略性、思想性、针对性。以此为根本遵循，有利于进一步主动适应全面从严治党新要求，不断加强国有企业党的领导和党的建设，推动党建成效转化为竞争优势、创新优势和科学发展优势；有利于进一步积极适应和引领经济新常态，在深化改革中使国有企业释放更大活力和动力，实现国有资本保值增值、国有经济竞争力提高、国有资本功能放大，进而做强做优做大国有企业，为实现中华民族伟大复兴中国梦做出更大贡献。

二、广西国有企业坚持党的领导、加强党的建设的实践

十八大以来，广西国有企业贯彻执行党中央决策部署，坚持党的领导，尤其是2015年9月中共中央办公厅印发了《关于在深化国有企业改革中坚持党的领导加强党的建设的若干意见》以来，把加强党的领导和完善公司治理统一起来，将党建工作总体要求纳入国有企业章程，推动党组织领导核心和政治核心作用组织化、制度化、具体化，在思想建设、组织建设、人才建设、党风廉政建设、工作体制机制创新等方面取得了显著的成效。

（一）加强党的思想建设，确保国有企业改革发展正确方向

广西国有企业结合实际，以党委中心组学习为龙头，以学习型党组织建设为抓手，把学习掌握党的路线方针政策和自治区党委的重要部署精神作为重要内容。在全面深入学习贯彻党的十八大精神过程中，广西国有企业有许多实践经验值得推广，如2013年3月下

旬至5月下旬，五菱集团党委组织开展"支部书记上党课"比赛，两个月共18堂党课，近千名党员和员工代表参与。在深入学习贯彻习近平总书记系列重要讲话精神、党的十八届六中全会精神、广西第十一次党代会精神中，也有许多值得总结的实践，如广西壮族自治区党委讲师团组织了大批专家深入广西各级国有企业举办的"走基层"大宣讲活动，对推动全区加强国有企业党的建设起到了重要的推动作用。党的十八大以来，广西各级国有企业党委和党务工作人员深入学习贯彻落实中央和上级精神，纷纷掀起学习宣传贯彻中央精神的热潮，把广西广大企业党员、干部职工的思想和行动统一到中央和自治区党委、政府的部署决策上来，促进企业又好又快发展。这其中也有许多值得总结的实践，一些国有企业很好地把传统媒体与新媒体结合起来，把传统的谈心谈话、走访慰问等工作机制与新时期网络、微信、QQ等有机结合，加强思想宣传工作，树立企业良好形象，如柳钢集团通过《柳钢报》《柳钢文化》开辟"传递压力、汇聚能量""一线传真"栏目，及时报道公司的发展形势和上级最新指示精神，刊发基层学习体会文章。

（二）加强党的组织建设，增强企业党组织战斗力、凝聚力

针对国有企业不同程度地存在一些弱化党组织的情况，在加强党的领导和党建工作的新形势下，广西国有企业不断加强党员、党小组、党支部三级组织体系建设，把党的十八大提出的"学习型、服务型、创新型"党组织的总体目标落到实处，有效提升党组织的战斗力、党员干部的综合素养和企业的市场竞争力。例如，各国有企业在党小组之间开展红旗党小组、先进党小组竞赛；在党支部之间开展党支部目标管理达标赛，"四无一好"党支部、红旗党支部、最佳党支部竞赛等，开展创红旗党组织，建党员先锋岗、党员

责任区，争当生产能手、岗位标兵、最佳党员、党员模范岗等具有企业特色的主题实践活动等。不断完善企业党组织，如2016年广西农村投资集团有限公司、广西农村信用社联合社党委分别在南宁召开第一次代表大会。柳工集团党委明确提出"业务发展到哪里，党旗就飘扬到哪里"，先后在中东、南非、亚太、拉美、北美等7个海外子公司建立了党小组，并建立了波兰公司党支部，还争取年内建立印度公司党支部，使海外制造型子公司党组织覆盖率100%。进一步强化基层党组织建设，如柳工集团党

扩展阅读小链接

如何理解国有企业和集体企业中党的基层组织发挥政治核心作用

国有企业是我国经济发展的重要力量，是党和国家事业发展的重要物质基础；集体企业是发展地方经济、扩大就业门路的重要力量。党章第三十二条规定，"国有企业和集体企业中党的基层组织，发挥政治核心作用"。

来源：共产党员网

委举办了基层党支部书记专业技能比武。通过比赛促进了公司基层党组织书记的自我学习和素质提升。北部湾投资集团举办了基层党组织书记暨领导人员培训班，提高了基层党组织书记和领导人员的专业水平和履职能力。不断发展新党员，优化党员干部结构。大批创新能手、班组技术攻关人员、青年干部员工纷纷要求加入党组织。

（三）加强人才队伍建设，建立健全企业选人用人制度

各企业党委根据广西党委组织部、广西国资委党委的要求，不断完善领导班子管理制度。坚决执行国有企业领导人员管理暂行规

定、企业领导班子和领导人员综合考核评价办法等。坚持强化领导班子信守党管干部原则和选人用人制度，不断加强人才队伍建设。如柳钢集团党委坚持强化班子，管好干部，选好干部，用好人才，形成人才支撑发展、发展造就人才的生动局面；广西投资集团在选人用人机制改革中，把好党管干部的教育关、选拔关和管理关，打造一支想干事、会干事、敢负责、敢担当的干部队伍；广西建工五建把党委作为班子建设的重点，打造了一个具有强烈的进取心和事业心的奋发有为的坚强核心，使公司呈现出群英荟萃、人才辈出的崭新局面，公司涌现了6名全国优秀建造师、74名广西建筑业优秀建造师、81名广西建筑业安全生产先进工作者等一批各级各层面的先进个人。

（四）加强党的制度建设，推进党建工作制度化、规范化、程序化

随着国有企业改革深入的发展，各种制度不断地完善，国有企业在党建方面的制度也不断地形成、完善。广西国资委结合实际制定出台了贯彻落实中央和自治区规定的配套制度和具体办法，进一步细化、量化了工作措施和要求。如制定企业党建工作长效机制，印发推进学习型党组织建设的通知，出台企业思想政治工作的意见，制定直属企业党建工作年度考核制度等。同时，各企业结合实际也制定和完善贯彻落实规定的配套制度和措施，做到有章可循。各国有企业形成党委中心组学习制度，如鱼峰集团公司党委分别召开了党委会、党委扩大会以及开展党建工作专题研讨会，重新审视企业党建工作并制定《关于加强和改进新形势下党建工作的意见》，全面落实从严治党责任。

（五）创新体制机制，提高科学化水平

广西国有企业党组织积极创新体制机制，促进党建工作，促进企业发展。广西物资集团打造党建和企业文化建设工作"六大品牌"亦即"五大先锋岗、党内谈心制度、桂物大讲坛、代表之家、职工文化节、身边贫困户帮扶机制"，效果明显。广西新发展交通集团路桥建设有限公司不断创新党建活动载体，强化党员干部的服务意识和群众意识，增强各支部的社会责任感，开展形式多样的帮扶互助活动，既锻炼了党员干部，又密切党群、干群关系，党建工作成效显著。十一冶集团公司党委紧紧围绕企业的中心工作，通过创新党组织活动形式、丰富党建工作内容，使集团党建工作更加制度化、规范化、程序化、科学化，把党的政治优势转化成企业的发展优势、人才优势与和谐发展优势，推进企业又好又快地发展。广西建工一建党委坚持"围绕项目抓党建、抓好党建促发展"的工作思路，创新工作方式，积极破解党建工作难题，实现了常规工作上水平、特色工作求创新、亮点工作抓品牌的良好效果，荣获了一批先进殊荣。广西水利电业集团有限公司狠抓党委主体责任和纪委监督责任，抓好党的建设、抓好党风廉政建设和反腐败工作、抓好干部队伍的建设，以培育和践行社会主义核心价值观为切入点，创新党建工作方式，扎实开展"我们的价值观"宣传展示阵地建设和党旗耀农网活动。

三、广西国有企业坚持党的领导、加强党的建设的总体思路

为进一步解决国有企业党的领导和党的建设存在的软化、淡化、虚化、边缘化等突出矛盾和问题，应从制度上坚持党的领导和

加强党的建设，确保党组织在国有企业中的地位和作用不打折扣，保障党的路线和方针顺利贯彻落实，充分发挥企业党委的领导核心和政治核心作用。

（一）明确和落实党组织在国有企业中的法定地位

我国宪法明确规定，中国共产党是中国特色社会主义事业的领导核心。2015年，中共中央、国务院印发的《关于深化国有企业改革的指导意见》指出，国有企业章程中应包含党建工作的总体要求，同时要明确国有企业党组织在公司法人治理结构中的法定地位，使党的领导和党的建设的合法性和权威性得到进一步强化。因此，国有企业应着重注意在企业章程、治理结构和权责分配等方面明确和落实党组织的法定地位。相关部门应及时对此开展检查指导工作，检查国有企业是否做到了以法定形式把党的领导融入国有企业治理的各个环节，即党组织的机构设置、人员权责分工、年度工作任务等是否与企业的文化理念、管理制度和工作规范等实现了有机融合；在国有企业进行重大问题决策时，党组织参与各个环节的权责和工作方式是否有明确规定。总的来说，就是检查国有企业中党的领导和党的建设是否实现了常态化、规范化和制度化，尚不明确和落实的应尽快落实，已落实的应进一步巩固党组织在公司法人治理结构中的法定地位，使公司的法人治理结构更加完善。

（二）创新国有企业党组织领导核心和政治核心作用的途径和方式

继续推进政企分开、简政放权，将自主经营权真正落实到市场主体，激发国有企业的生机和活力。各级国资委要转变监管方式，从"管资产"向"管资本"转变，确保国有资产保值增值，确保国有企业沿着党的政策和方针合理而科学地运转。为此，要探索建立国有资本投资、运营公司，致力于适应市场机制的运行规律，提高国有企业运营能力，提升国有资本的控制力和经营效率。要正确处理加强党的领导、党的建设工作与现代企业制度相适应的关系，可将其通过嵌入企业的组织管理体系发挥作用，在加强对企业的政治引领、强化党的建设工作过程中，确保国有企业得到健康发展。继续完善双向进入、交叉任职的领导体制。国有企业党委书记兼任董事长，履行"一肩双责"。为了确立企业党委在企业中的法理地位，要尽快研究制定相关的规范性指导意见及配套文件，明晰公司治理结构成员和党组织成员之间的关系，即明确党委成员与董事会成员、监事会成员、经理层之间的关系，在交叉任职的权责、执行层面做出明确规定，避免相互推诿、多头管理等现象的出现。

（三）积极推进国有企业干部管理体制改革步伐

深化国有企业干部管理体制改革，研究探索打破国有企业干部"双重身份"的途径，促使国有企业领导人向企业"经济人"身份回归。

一是建立适应现代企业制度要求和市场竞争需要的选人用人机制。把党的领导和完善公司治理有机统一起来，把坚持党管干部原则贯彻到董事会依法选择经营管理者、经营管理者依法行使用人权中去，结合党组织考察推荐方式的优点和市场化选聘方式的优点来选人用人，既充分发挥董事会在选人用人上的自主权，又要确保党组织监督的力度不减，鼓励国有企业积极探索党管干部原则在企业的多种实现形式，实现党的领导、党的建设和企业法人治理在选人用人机制上的最优化结合，不断提高企业选人用人的公信度。

二是完善党内民主选举制度。尽快建立健全国有企业的党内民主制度体系，确保所有党员能公平、公正地参与国有企业党组织内部事务，实现真正的民主管理与民主决策。以党内民主带动企业管理民主，不断激发员工的活力和创造力。要继续完善国有企业党代会常任制，制定相关规定、条例和制度，进一步明确企业党代表的义务、权利、任期等细则，以制度管人，同时通过培训学习、教育活动等提高党代表的参政议政能力和素质。

三是强化党组织在企业领导人员选用、培育、监管的责任。尽快制定完善党管干部的人才规章制度，并使之与企业自身的人才管理制度相结合，使党组织参与国有企业的人才选拔、考核、培训等工作有章可循，有法可依。同时，创新国有企业人才工作体制，营造一个想干事、能干事、干好事的工作环境，发挥党组织先锋模范作用，吸纳更多优秀人才聚焦党组织，从而实现国有企业的竞争力和党组织影响力的双提升。

（四）进一步完善国有企业党的监督机制

强化对国有企业决策的监督。党组织要加强对企业发展战略、资本运作、经营管理等重大决策的监督，及时考察和评估企业的决策是否与中央相关政策和文件精神的要求一致，是否违背国家法律法规的要求，是否符合股东和广大职工的利益等。党组织应定期或不定期对企业的经营管理情况进行重点监督，及时发现问题并提出修正意见。

强化对国有企业经营管理的监督。企业经营管理到位与否，事关国有企业的生存发展，党组织要紧密了解掌握企业经营动态，监督党员领导干部是否合规经营，是否存在行业不正之风，是否对企业实行科学化管理，是否不断提高生产效率等。

强化对国有资产的监督。党组织要加强对国有企业党员职工的思想政治教育，增强保护国有资产的责任心和使命感。同时，党组织还要做好企业风险防范工作，采取必要措施维护国有资产的完整，坚决打击国有企业里的腐败行为，严防国有资产流失。

强化对党员领导干部的监督。各级国资委要完善和落实工作汇报制度、干部考核制度、纪律检查制度等加强对国有企业党员领导干部的监督检查。此外，要强化国有企业党委委员之间的监督，明确监督的责任和内容，营造企业党委带头学习和落实"两学一做""三严三实"的浓郁氛围。

（五）建立健全国有企业党建工作责任制

建立健全国有企业党建工作体系。以企业党委书记为首的党委班子要履行好增强党的领导和党建工作的第一责任，落实好"一岗双责"制度，增强党委管党治党意识和党建工作责任感。不断健全国有企业党组织，设立一名专职副书记，形成领导抓、部门抓、层层抓、人人抓党建的热烈氛围，实现国有企业党建工作和改革发展工作协同并进的良好局面。

加强国有企业基层党组织建设和党员队伍建设。要加强对基层党支部的指导和培训力度，使他们尽快熟悉业务，掌握党建工作要领。要贯彻"把党员培养成企业骨干，把企业骨干培养成党员"的理念，实行双向培养机制，尤其注重在基层一线岗位上培育党员，成立基层党组织，努力把党的活动范围延伸到国有企业各个环节，实现全覆盖。明确国有企业每年新发展党员的任务指标，选优配强基层党组织负责人。经济和政治待遇向企业基层倾斜，让他们体面地乐于抓好党建事务。

抓好不同类型混合所有制企业的党建工作。混合所有制企业中，国有资本控股（或第一大股东）地位的企业可参照国有企业的党建工作模式，而国有资本参股的企业则在推进混合所有制改革时，应当把做好党的领导和党的建设作为首要工作来抓，要积极创新混合所有制企业加强党的领导和党的建设的体制机制，切实解决好党组织机制与混合制企业治理机制之间具体的兼容性问题，并及时提炼出可复制的典型性经验做法加以大力推广。

参考文献

[1] 中共中央，国务院.关于深化国有企业改革的指导意见［M］.北京：人民出版社，2015

[2] 习近平.在全国国有企业党的建设工作会议上强调：坚持党对国有企业的领导不动摇　开创国有企业党的建设新局面［N］.人民日报，2016-10-12

思考题

1.坚持党对国有企业的领导有什么重要意义?
2.如何加强国有企业党的建设?

第十二章
落实国有企业党风廉政建设"两个责任"

2016 年 10 月，习近平总书记在全国国有企业党的建设工作会议上指出：通过加强和完善党对企业的领导、加强和改进国有企业党的建设，使国有企业成为党和国家最可信赖的依靠力量等"六大力量"。这不仅阐明了国有企业极其重要的地位和作用，而且为国有企业党的建设指明了方向。当前，在深化国有企业改革中全面加强党的建设，就必须坚定地落实国有企业反腐倡廉"两个责任"，把党风廉政建设和反腐败工作融入国有企业改革发展各项工作中，认真落实党风廉政建设责任制，扎实推进党风廉政建设和反腐败工作，为国有企业快速健康发展夯实制度保障。

一、落实国有企业党风廉政建设"两个责任"的重大意义及最新规定

（一）重大意义

广西国有企业落实党风廉政建设"两个责任"

对国有企业的党风廉政建设和反腐败工作，乃至做大做强国有企业都具有重大意义。

首先，落实反腐倡廉"两个责任"是深化国有企业改革和企业发展壮大的客观要求。企业的各级领导时刻面临廉洁风险，一旦在纪律、作风上放松了自己，堕入腐败的深渊，不仅会毁了自己和家庭，更会给企业带来巨大损失，危害企业健康发展。因此，为防微杜渐，各个责任主体要不断加强党风廉政建设，认真履行主体责任，增强责任感，勇于担当，敢于碰硬，加强平时监管，营造清风正气，狠刹歪风邪气，敢抓敢管违法违纪行为。党委和纪委对一些企业干部身上出现的苗头性、倾向性问题应及时批评教育，多"咬耳朵"、常"扯袖子"、勤敲警钟，令其悬崖勒马。要管住自己的车间班组，以上率下，引导和带动上下齐抓共管，全力实现干部队伍廉洁化，打造廉洁队伍，为推进国有企业持续发展提供有力保障。

其次，落实反腐倡廉"两个责任"是提高国有企业监督效能的有力保障。当前，现行市场经济体制条件下的国有企业仍然是腐败多发之地，这其中的原因既有干部经不起诱惑、自身思想蜕变、纪律和自律意识不强的因素，也与国有企业的反腐倡廉制度不健全，纪检监察部门由于诸多原因监督效能弱化、不到位有很大的关系。国有企业反腐倡廉"两个责任"的提出，对企业的纪检部门履行监察监督职责提出更高要求，纪检监察部门被充分授权，在协助党委抓好党风廉政建设的同时，可以集中精力，聚焦主业，以创新的方式方法，有针对性地对企业经营管理权力运行重点领域和关键环节，进行行政监察和效能监察，及时制止和纠正违法违纪行为，还可以查漏补缺，及时堵上管理漏洞，督促建章立制，进一步提高对国有企业运行的监督效能。

最后，落实反腐倡廉"两个责任"是严肃党风党纪，维护企业和群众利益，促进企业长远发展的重要措施。只有国有企业各级党委和纪委贯彻落实好"两个责任"，才能从根本上严肃党风党纪。而企业的党员干部只有端正态度，清正廉洁，才能更好地谋求企业的长远发展，从而也为员工群众谋幸福。因此，贯彻落实好国有企业反腐倡廉"两个责任"，既加强了对企业党员干部的管理约束，促进党风政风的根本好转，客观上也是为维护广大人民群众的利益，还在一定程度上促进了地区经济社会的发展，为社会的和谐发展做出应有贡献。

（二）最新规定

党的十八大以来，习近平总书记发表了一系列重要讲话，多次涉及国有企业改革发展、国有企业党风建设和反腐败工作，强调要完善国有企业监管制度，加强党对国有企业的领导，充分落实"两个责任"，发挥国有企业纪委监督作用，加强对国有企业领导班子的监督，搞好对国有企业的巡视，加大审计监督力度等。

根据党的十八届三中、四中全会和十八届中央纪律检查委员会四次、五次会议精神，广西国资委2015年5月制定下发《关于自治区直属企业落实党风廉政建设党委主体责任和纪委监督责任的意见》（简称《意见》），明确"两个主体责任"职责范围。广西直属企业党委是党风廉政建设的责任主体，统一领导所属企业党风廉政建设和反腐败工作，对所属企业党风廉政建设负总责。党委书记是党风廉政建设第一责任人。党委班子其他成员对职责范围内的党风廉政建设负主体责任，严格落实"一岗双责"。广西直属企业纪委是党风廉政建设监督责任的责任主体，承担所属企业党风廉政建设和反腐败工作的监督责任。《意见》要求各企业党委、纪委列出本年度落实主体责任和监督责任的任务清单，明确每个领导班子成员的责任，并逐级分解到各下属企业党委和纪委，做到人人肩上担责、事事抓好落实。对发生重大腐败案件和严重违纪行为，以及对腐败案件和违纪行为隐瞒、压案、不查处的企业党委、纪委实行"一案双查"，既追究当事人责任，又要倒查追究相关领导责任。

2015年9月，中共中央、国务院颁布《关于深化国有企业改革的指导意见》；紧接着，中共中央办公厅又印发了《关于在深化国有企业改革中坚持党的领导加强党的建设的若干意见》。这两个文件，对在深化国有企业改革中坚持党的领导、加强党的建设提出具体要求，做出明确部署。两个文件明确指出，国有企业要落实党风廉政建设主体责任和监督责任，即国有企业党委（党组）要履行好党风廉政建设主体责任，纪委（纪检组）要履行好监督责任。要建立健全党风廉政建设和反腐败工作体系，努力构建企业领导人员不敢腐、不能腐、不想腐的有效机制。

扩展阅读小链接

中共中央国务院印发《关于深化国有企业改革的指导意见》落实国有企业反腐倡廉"两个责任"完善反腐倡廉制度体系

《指导意见》强调，把加强党的领导和完善公司治理统一起来，将党建工作总体要求纳入国有企业章程，明确国有企业党组织在公司法人治理结构中的法定地位，切实承担好、落实好从严管党治党责任，进一步加强国有企业领导班子建设和人才队伍建设。切实落实国有企业反腐倡廉"两个责任"，完善反腐倡廉制度体系，努力构筑企业领导人员不敢腐、不能腐、不想腐的有效机制。

来源：新华社

　　2016 年 10 月，广西为加强直属企业党风廉政建设，进一步落实企业党委主体责任和纪委监督责任，促进企业健康发展，根据《中国共产党党内监督条例（试行）》《中国共产党问责条例》和《中共广西壮族自治区委员会关于落实党风廉政建设党委主体责任和纪委监督责任的意见》等有关文件精神，又制定了《关于加强自治区直属企业党风廉政建设的若干意见》（以下简称《若干意见》），严格落实"两个责任"，扎实推进企业党风廉政建设。《若干意见》强调，企业党委要以高度的政治责任感，全面履行企业党风廉政建设主体责任，党委书记要负责落实党委领导班子党风廉政建设责任，积极推进本企业党风廉政建设工作；党委领导班子其他成员要认真履行"一岗双责"，将党风廉政建设要求融入分管业务工作中。企业纪委要全面落实监督责任，严格监督同级企业领导班子成员及企业党委管理的企业人员遵章守纪、规范用权、廉洁从业；把握运用监督执纪"四种形态"；严格执行问题线索处置和纪律审查报告规定；建立健全区直属企业纪委工作报告制度和纪委书记述职述廉制度。对落实党风廉政建设责任制不到位的企业领导班子和领导成员，依据有关规定，严肃追究责任。

二、广西国有企业落实党风廉政建设"两个责任"的实践

　　坚持反腐倡廉"两个责任"是国有企业深入推进党风廉政建设和反腐败斗争的"牛鼻子"，企业的党委主体责任和纪委监督责任分提并论、各负其责，是对国有企业反腐倡廉工作责任不清的强势纠偏，也是对国有企业反腐败正反两方面经验教训的科学总结，是国有企业纪检监察体制的重大创新。近年来，广西国有企业落实党风廉政建设"两个责任"取得了巨大成就，对保证国有企业健康运营起到了重大作用。

（一）广西国有企业落实党风廉政建设的主要成就

党的十八大以来，在广西壮族自治区党委、政府的坚强领导下，广西国有企业深入贯彻中央、广西关于国有企业党风廉政建设和反腐败工作的精神，全面落实广西壮族自治区党委的部署和广西壮族自治区纪委的工作任务，认真履行党委主体责任和纪委监督责任，坚持改革创新，深入、扎实推进国有企业党风廉政建设和反腐败工作，为企业进一步做大做强提供了健康的政治生态。

一是党委高度重视，党风廉政建设责任得到了落实。广西国资委党委和下属国有企业党委始终高度重视党风廉政建设和反腐败工作，把这一工作列入企业发展的重要目标，融入国资监管和国有企业改革发展之中，坚持党委书记"一把手"负总责，班子成员坚持履行"一岗双责"，严格年度检查考评，党风廉政建设的党委主体责任得到了有效落实。

二是建立健全监管制度，监督工作得到了规范。广西国资委党委和各国有企业党委切实强化对企业和领导人员权力运行的监督，建立健全各项规章制度，织牢权力运行"笼子"，使监督规范化、制度化。各企业把党风廉政建设和反腐败工作纳入企业管理制度建设，驻广西国资委纪检组和各企业建立了执纪监督检查制度，纪检监督责任得到了有效加强，也有力地推动了企业落实"两个责任"。实施督查巡查制度推动中央党风廉政建设和反腐败工作决策以及广西壮族自治区党委部署的贯彻落实，尤其加强对反"四风"、"三重一大"决策制度和重点企业、重点项目、重点专项资金和重大投资项目及领导人员经济责任审计监督检查。近几年，各企业修订完善制度2353项，新制定制度1701项；完成经济责任审计516项，离任审计954项，提出整改建议5458条。广西国资委还加强执纪监督，在五一、元旦、春节、中秋等重要节日早提醒、早教育，狠刹公款送礼送卡、公款吃喝、公款旅游、公车私用等不正之风。

三是开展执纪监督，主业得到了凸显。为适应十八大以来党风廉政建设和反腐败工作的新形势，广西国资委纪检组和下属国有企业认真贯彻落实中央和广西壮族自治区党委的要求，聚焦主业，认真履行监督、执纪、问责职责，监督责任得到有效落实。近几年，据不完全统计，广西国资委共收到信访举报904件，初核58件，办结率100%；下属国有企业纪委接到群众举报共1703件，初核1622件，办结率95.24%。2010年至2014年8月，广西立案查办国有企业职务犯罪案件662件779人，其中企业领导人员及中层部门以上负责人等高层级管理人员402人，占51.6%。比较典型的案例，如广西城投集团公司原董事长高平等违纪违法案件，柳钢集团公司原党委书记、董事长梁景理，广西旅游投资集团原党委书记、董事长农晓文，涉案人员多、金额大，影响恶劣。

四是加强监督制约，从源头上遏制腐败。广西国资委和各国有企业党委、纪委认真推进廉洁风险防控工作，认真查找企业生产经营管理中可能面临的风险隐患和薄弱环节，加强风险提示和督促整改；深入推进企业效能监察，为企业降本增效、及时发现苗头性问题发挥了积极的监督作用；加强监督检查和专项治理，开展对企业贯彻落实中央八项规定的监督检查，还开展了工程建设领域突出问题的专项治理和"小金库"的专项治理工作，成效显著。

五是加强廉洁教育，培养廉洁文化。首先，推进学习教育。广西国资委和各企业党委坚持抓好廉洁从业学习教育，健全中心组学习制度，层层举办倡廉专题讲座，"一把手"亲自上党风廉政主题党课，培训企业领导人员和机关干部，打牢廉洁从业思想基础，营造风清气正的从业环境和氛围。其次，开展警示教育。广西国资委纪检组牵头组织开展警示教育，组织观看一批警示教育片，利用发生在企业的腐败案件，组织到监狱听取服刑人员违法犯罪现身说法，用身边事教育身边人，警醒机关干部和企业人员引以为戒，时刻保持对腐败的戒惧、对法律的尊崇、对权力的敬畏，自觉筑牢不敢腐、不能腐、不想腐的思想道德防线。最后，推进廉洁文化建设。各企业把推进廉洁文化建设与企业文化建设和生产经营结合起来，先后组织企业开展廉洁从业的文化主题教育活动；加大廉洁文化产品的创作和传播，充分发挥廉洁文化润物细无声的"软约束"作用；通过理论研讨活动，丰富了廉洁文化内容，推进了廉洁文化建设，也进一步增强了企业领导人员和党委机关党员干部廉洁自律意识。

六是组建高效纪检监察干部队伍，提升纪检监察干部素质。广西国有企业充实了办案力量，把不属于纪委的工作剥离，移交给相关职能部门，专司、强化执纪监督职责。广西国资委纪检组组织培训提高企业纪检监察干部的履职能力。近年来，广西国资委先后3次组织纪检监察人员共50多人，到国外进行企业风险管理等业务培训；组织了12批共340名纪检监察人员参加中纪委监察部培训中心、国务院国资委研究中心等培训班学习；组织了4次企业纪委书记、监察室主任86人次到中央企业和外省国资委学习考察。通过学习培训，拓宽了纪检监察人员的工作视野，提高了综合素质和履职能力。

（二）广西国有企业落实党风廉政建设存在的问题

广西国有企业党风廉政建设"两个责任"取得很多成就，但也存在很多问题。例如，一些国有企业仍然偏重业务，忽视党建，没有做到抓党建和抓企业发展齐头并进。而且由于"两个责任"落实存在偏差，监督不到位，腐败案件依然不断出现，团伙作案频发。

要解决好这些问题，就要坚决落实"两个责任"，不断深化推进国有企业改革，解决国有企业在改革和发展中面临的新问题新挑战。广西国有企业落实党风廉政建设"两个责任"存在的主要问题有：

一是对落实党风廉政建设"两个责任"的思想认识存在差距。一些企业的基层党组织、党员领导干部思想认识上不到位，甚至有些企业领导仍然忽视党委、各级党组织抓党风廉政建设的主体责任，往往把党风廉政建设责任制的落实单纯看成是企业纪检监察部门的事情，或片面认为党风廉政建设有纪委抓就行了，党委、党组织没必要过多插手，也无须过问。个别国有企业党委态度不端正，不认真研究党风廉政建设工作，只停留在传达上级文件、会议贯彻等行政事务，造成在党风廉政建设责任的划分上不具体、不明确、不细化，没有具体的可操作性的制度约束。

二是党风廉政建设"两个责任"落实的压力传导还不够严和实。一些国有企业抓党风廉政建设责任制的各项规定落实不到位，有的党员干部对中央、广西关于实行党风廉政建设责任制的相关规定重视程度不够，敷衍了事，导致党风廉政建设"两个责任"的制度、规定在一些企业没有真正得到贯彻落实和执行。一些企业没有实现党风廉政建设责任落实到企业经营管理的各个环节中去，"一岗双责"履行不到位，导致在贯彻落实责任制中企业纪委"唱独角戏"，或者是党委相互扯皮、推诿责任等。

三是监督考核不到位，责任追究制度不完善。有些国有企业对落实党风廉政建设责任制的监督主体界定不清，监督环节不够细化，监督手段不够先进科学，以至于监督效果不明显，没有真正有效地发挥监督机制在整个企业经营管理中的事前防范、事中监控、事后惩处的作用。落实党风廉政建设责任制的关键在于责任追究，然而有些企业发现腐败问题时，处理问题往往侧重于整改，忽视责任追究，处理问题过程中失之于偏、失之于软的现象普遍存在。这样就导致了腐败问题仍易发多发，一些企业干部还存在作风不正、办事不公、行为不廉等问题。通过责任追究，倒逼"两个责任"的落实，彰显从严治党的落实，减少腐败案件的存量，遏制腐败的增量，切实清除深化改革中的障碍。

出现这些问题的深层次的原因主要是：一是个别国有企业政治纪律、政治规矩意识不强，贯彻中央和广西政策不得力；二是企业党委对党风廉政建设和反腐败工作重视程度不够，没有真抓实干；三是企业纪委在监督执纪问责中存在思想顾虑，担心影响企业经营和稳定，没有放开手脚加强监督。有鉴于此，国有企业就要以问题为导向，加大整改力度，落实党风廉政建设"两个责任"，强化对企业运行的制约和监督，始终保持惩治腐败的高压态势，以反腐倡廉的成效，为国有企业改革保驾护航。

三、进一步落实国有企业党风廉政建设的总体思路

广西国有企业党风廉政建设和反腐败工作取得良好成效，但仍存在许多不适应的地方，滋生腐败的土壤依然存在，形势仍然严峻，国有企业人员犯罪仍高发、多发。因此，我们要深刻认识国有企业反腐败斗争的长期性、复杂性和艰巨性，必须真正落实党风廉政建设"两个责任"，切实把党风廉政建设和反腐败工作推向深入。

一要全面落实党委主体责任。国有企业党委要进一步提高认识，以高度的政治责任感，全面履行国有企业党风廉政建设主体责任，切实抓紧抓实抓细，务必抓出成效。党委要增强主体责任担当意识，克服反腐败影响企业发展和影响干部工作热情的错误观念，高度重视企业的党风廉政工作，不推诿、不回避、不当"甩手掌柜"，真正承担起党风廉政建设和反腐败工作的主体责任。党委要

勇于担当，率先垂范，把好用人关，支持纪委工作，始终把党风廉政建设放在心上、抓在手上、扛在肩上，与企业安全生产、经营管理同部署、同落实，做到齐头并进，实现"双受益"。落实党委的主体责任包含两个层次：一个是党委及其领导班子成员的权责，另一个是职能部门及其工作权责。要推行责任清单制度，明确责任分工，做到主体责任具体化、规范化、程序化，使各责任主体主动作为、各司其职。党委书记作为"第一责任人"，要负责落实党委领导班子党风廉政建设责任，积极推进本企业党风廉政建设工作，重要工作亲自部署，重要问题亲自研究，重要环节亲自协调，重要信件亲自阅批，重要案件亲自督办。其他班子成员要按照"一岗双责"的要求履行好分管范围内的党风廉政建设领导责任，做到敢于负责、勇于担当。各职能部门要履行好本部门的党风廉政建设责任，加强日常教育和监管，出了问题都要责任追究，确保党风廉政工作落实横到边、纵到底。

二要强化使命担当，履行监督责任。国有企业纪委必须找准职责定位，坚持"转职能、转方式、转作风"，把不该干的事交出去，把该干的事担当起来，回归监督主业，监督执纪问责。纪委要把纪律和规矩挺在前面，用纪律衡量企业机关的党员干部、企业领导人员的行为，抓早抓小，动辄得咎，发现苗头及时提醒，发现违纪及时处理，该处分的予以处分，该降级的予以降级，该调离的坚决调离，决不能放任自流、养痈遗患。要强化执纪监督，坚持改革创新，有效整合监督资源，保障国有企业出资人监管、企业内部纪检监督以及企业各监督主体的顺畅运转，实现惩防体系建设与企业风险防控体系的有机结合。要突出监督重点，强化对关键岗位、重要人员特别是"一把手"的监督管理。要进一步深化执纪监督领导体制改革，实现惩防体系建设与企业风险管控体系的有机结合，有效整合监督资源，不断完善工作闭环，形成完整封闭的监督体系和监督合力。纪委还要发挥纪律的正面引导和惩戒警示两方面作用，真正把全面从严治党落到实处。

三要完善机制并落实责任追究制度。党风廉政建设"两个责任"的落实，要靠有效的制度机制做保障，必须探索建立落实主体责任和监督责任的制度和机制，明确党委和纪委的责任。要建立科学有效的考核评价机制，进一步完善党风廉政建设责任制绩效考评指标设置，做到生产经营与党风廉政两手抓、两手都要硬。要完善监督工作机制，要进一步加强监督力量的协调配合，既要使各监督主体各负其责、各有侧重，又要尽力实现监督资源共享、成果共享，形成监督合力，提高监督实效。要全面落实责任追究制度，逐步实现党风廉政建设责任追究的制度化、程序化和常态化。责任追究制度是贯彻落实党风廉政建设责任制的重要防线，缺少责任追究，责任制就会流于表面、陷入空谈。要以强有力的问责推进企业党委管党治党责任的落实。对落实党风廉政建设责任制不到位的企业领导班子和领导成员，依据《广西壮族自治区党风廉政建设责任制实施办法》等规定，采取倒查的办法予以责任追究。建立执纪过错责任追究制度，对于包庇腐败分子者，以通报批评、诫勉谈话、组织处理等代替党政纪处分和法律责任者，要严肃追究纪委责任，确保监督者也受监督，形成监督问责的闭环。

四要强化巡察工作。今后，要在广西国资委党委的统一领导下，深入开展专项巡察工作，抽调精干人员组成巡察工作组，对下属国有企业负责人是否存在关联交易、利益输送和利用职权为本人或者配偶、子女及其他特定关系人谋取利益等损害企业利益，不执行"三重一大"决策制度搞一言堂行为，顶风违纪，不执行中央八项规定等行为开展专项巡查，以查促改，促进国有企业领导人廉洁经营。广西国资委下属各集团公司要高度重视，配合做好专项巡察工作，同时集团公司纪委也要对二级、三级公司开展相应的专项检查。要加大常规巡察力度，总结巡察经验，完善巡察方式，力争三年内对监管企业实现巡察工作全覆盖。巡察要与整治结合起来，根据巡察结果开展专项治理，出台落实中央八项规定及整治企业领导人玩风过重等专项治理意见，在重要节日、重点时段，加大专项治理检查力度，持之以恒反"四风"。巡察不能流于形式，杜绝运动式巡察，发现问题一查到底，并对巡察企业提出相应的整改意见，相关企业要把整改情况在规定时间内上报反馈。广西国资委纪委将对企业整改开展回头看，看问题是否已经得到彻底整改，看作风是否实现真正转变，看企业员工是否对反腐倡廉工作满意等。

五要加大办案力度，持续保持惩治腐败的高压态势，充分发挥查办案件治本功能。由广西国资委协调有关企业，抽调人员组成得力专案组，实现办案力量的整合。明确办案职责与权限，配合广西纪委、广西党委组织部办理集团公司级别的主要负责人的案件，国资委纪检组牵头负责广西国资委党委管理的国有企业领导人员的案件，各集团公司纪委负责办理集团公司党委管理的二级、三级企业领导人员和集团员工的案件。要建立协作办案机制，加强与有关部门的沟通协调，充分利用有关部门的办案力量和手段，准确、快速办案。要落实信访举报案件办理职责，组织力量办理重要信访举报案件，重点查办违反中央八项规定和企业"三重一大"决策制度、滥用职权、失职渎职造成国有资产重大损失的案件，以及贪污贿赂、关联交易、内幕交易、利益输送、滥用职权、私分国有资产等重点、多发案件。要完善招投标评估专家库制度，随机抽取专家对企业招投标项目做出评估，防止项目招标中的腐败行为。

六要加强纪检监察干部队伍建设。国有企业纪检监察干部承担着执行纪律监督、纯洁党的队伍的重要使命，因此必须敢于担当，忠诚于党的纪检监察干部工作，保持自身的廉洁自律。纪检监察干部要以高度的责任感和使命感，认真担责履职，自觉维护和执行党的各项纪律，带头践行"三严三实"，做到忠诚、干净、担当。要加大对国有企业纪检监察干部的培训力度，继续组织人员参加中央纪委和广西纪委组织的培训学习，提升纪检监察干部的综合素质。广西国资委和各级国有企业要根据单位实际每年举办至少一期培训班，邀请上级有丰富办案经验的专家领导进行授课辅导，邀请广西知名专家或本单位党委书记进行政治思想理论课辅导，既要提高办案能力，又要提高思想政治素质和自身拒腐防变的能力。要加大对纪检监察干部违纪案件的查处，以零容忍的态度，做到有案必查、查案必严，决不姑息。对于人浮于事、消极办案、不守规矩的害群之马，要坚决清除出纪检监察队伍，打造一支对党忠诚、为人干净、勇于担当的纪检监察队伍。

参考文献

[1] 中国共产党十八届三中全会通过《中共中央关于全面深化改革若干重大问题的决定》

[2] 广西壮族自治区国资委.广西国资国企党风廉政建设和反腐败工作10年回顾及展望［R］

[3] 袁晓萍.谈新形势下国有企业党建工作创新［J］.交通企业管理，2015（9）

[4] 吴汝川.论国有企业基层党组织如何开展党建工作［J］.产权导刊，2016（8）

[5] 张晓中.关于国有企业落实党风廉政建设"两个责任"的思考［J］.企业改革与管理，2015（14）

思考题

1.当前国有企业落实党风廉政建设"两个责任"还存在哪些突出问题?

2.如何落实国有企业党风廉政建设"两个责任"?

第十三章
国有企业领导班子及人才队伍建设

　　各级党委、政府历来重视国有企业领导班子建设和人才队伍建设。根据企业改革发展需要，不断创新选人用人方式；强化党组织在企业领导人员选拔任用、培养教育、管理监督中的责任，支持董事会依法选择经营管理者、经营管理者依法行使用人权；加强对国有企业领导人员的日常监督管理和综合考核评价，实施"企业家成长工程"，提升整体素质和能力；大力实施人才强企战略，逐步建立和完善系统的高技能人才培养机制，建立健全国有企业集聚人才的体制机制，不断提升企业技能工人的整体水平。

一、国有企业领导班子及人才队伍建设的重要意义及相关政策

（一）重要意义

　　《关于深化国有企业改革的指导意见》中明确指出，国有企业在推动我国经济保持中高速增长和

迈向中高端水平、完善和发展中国特色社会主义制度、实现中华民族伟大复兴中国梦的进程中，肩负着重大历史使命和责任。人才问题事关国有企业的创新驱动、转型发展，人才已经成为国有企业发展的核心资源、竞争优势，加快建设一支高素质的人才队伍对国有企业改革创新发展、经济社会发展具有重要支撑和引领作用。为保证国有企业的改革和生产健康发展，必须加强国有企业领导班子和人才队伍建设工作。

国有企业领导班子是指国有独资企业以及国有独资企业所属具有独立经营权的单位和授权经营单位（或分支机构）的中层以上领导人员，国有独资企业委派到其他企业的领导人员，国有资产占控股地位或者主导地位的公司中由上级党组织、行政机关或者国有资产授权经营单位委派、任命、聘用的领导人员。一般来说，国有企业领导班子党委会、董事会、经营班子和监事会等四套体系，构成了一个管理系统，党委会是领导核心，对国有企业包括政治生活和经营等方面核心问题有最高决策权和一票否决权；董事会主要职能是管理监督经营班子，讨论决定企业发展重大决策；经营班子执行党委、董事会关于生产经营的决议，负责企业的日常运作；监事会和党委并列，直接代表国资委，对国资委管理企业运营状况进行监督。

国有企业领导班子是一个单位的神经中枢，是国有企业发展的指挥部，是企业事业成败的"关键少数"，也是推动企业改革发展和战略落地的核心力量。加强国有企业领导班子建设，从严落实对领导人员的培养、教育、监督和管理，全面加强领导班子思想、组织、作风、反腐倡廉和制度建设，最终实现领导班子学习力、领导力、创新力、协调力的提升，促进企业发展提质增效。

在科技日新月异的时代背景下，技术的迅猛发展加剧了企业间的竞争，企业若想在残酷的市场竞争中获得有利地位，就必须充分认识到人才竞争是市场竞争的本质，只有将企业人才机制建立健全，有一个完善、科学、高效的机制，才能够提高企业的核心竞争力，才能使企业的发展经久不衰。国有企业是我国发展的中坚力量，是国民经济的重要支撑，面对新技术、新环境，如何科学地选人、用人、留人，建设一支能够适应社会发展、有活力、有竞争力的人才队伍是国有企业面临的一个重要课题。党的十八大以来，习近平总书记对人才工作做出了一系列重要指示，尤其在2013年6月召开的全国组织工作会议上，习近平总书记强调，要树立强烈的人才意识，寻觅人才求贤若渴，发现人才如获至宝，举荐人才不拘一格，使用人才各尽其能。可以说，在经济全球化时代，人才竞争真正实现了"国际化"和"零距离"，人才争夺已是摆在企业面前的现实问题。因此，国有企业必须认真思考和重视人才队伍建设，深刻认识和不断改善企业自身在人才队伍方面存在的问题，把人才建设作为第一要务，加强对人才的培养、管理和使用，提高企业的核心竞争力，在激烈的竞争中赢得主动和未来。国有企业的人才队伍建设，是我国国有企业人才发展的重中之重。

（二）相关政策

1.《关于深化国有企业改革的指导意见》。2015年8月，中共中央、国务院印发《关于深化国有企业改革的指导意见》（简称《指导意见》），明确指出要进一步加强国有企业领导班子建设和人才队伍建设。

《指导意见》要求应根据企业改革发展需要，明确选人用人标准和程序，创新选人用人方式。强化党组织在企业领导人员选拔任用、培养教育、管理监督中的责任，支持董事会依法选择经营管理者、经营管理者依法行使用人权，坚决防止和整治选人用人中的不正之风。加强对国有企业领导人员尤其是主要领导人员的日常监督管理和综合考核评价，及时调整不胜任、不称职的领导人员，切实解决企业领导人员能上不能下的问题。以强化忠诚意识、拓展世界眼光、提高战略思维、增强创新精神、锻造优秀品行为重点，加强企业家队伍建设，充分发挥企业家作用。大力实施人才强企战略，加快建立健全国有企业集聚人才的体制机制。

2.《关于深化人才发展体制机制改革的意见》。2016年3月，中共中央印发《关于深化人才发展体制机制改革的意见》（简称《意见》），从指导思想、基本原则和主要目标，推进人才管理体制机制改革，改进人才培养支持机制，创新人才评价机制，健全人才顺畅流动机制，强化人才创新激励机制，构建具有国际竞争力的引才用才机制，建立人才优先发展保障机制，加强对人才工作的领导九个方面，全面系统地描述了人才体制机制改革的主要内容，给国有企业在人才体制机制改革上指明了方向。《意见》的指导思想主要为：坚持聚天下英才而用之，牢固树立科学人才观，深入实施人才优先发展战略，遵循社会主义市场经济规律和人才成长规律，破除束缚人才发展的思想观念和体制机制障碍，解放和增强人才活力，构建科学规范、开放包容、运行高效的人才发展治理体系，形成具有国际竞争力的人才制度优势。《意见》的基本原则是坚持党管人才、服务发展大局、突出市场导向、体现分类施策和扩大人才开放。

《意见》指出要优化企业家成长环境，遵循企业家成长规律，拓宽培养渠道，建立有利于企业家参与创新决策、凝聚创新人才、整合创新资源的新机制。依法保护企业家财产权和创新收益，进一步营造尊重、关怀、宽容、支持企业家的社会文化环境。合理提高国有企业经营管理人才市场化选聘比例，畅通各类企业人才流动渠道。研究制定在国有企业建立职业经理人制度的指导意见。完善国有企业经营管理人才中长期激励措施。

《意见》指出要完善党管人才工作格局和实行人才工作目标责任考核。发挥党委（党组）总揽全局、协调各方的领导核心作用，加强党对人才工作的统一领导，切实履行管宏观、管政策、管协调、管服务职责。改进党管人才的方式方法，完善党委统一领导，组织部门牵头抓总，有关部门各司其职、密切配合，社会力量发挥重要作用的人才工作新格局。建立各级党政领导班子和领导干部人才工作目标责任制，细化考核指标，加大考核力度，将考核结果作为领导班子评优、干部评价的重要依据。将人才工作列为落实党建工作责任制情况述职的重要内容。

3.《关于在深化国有企业改革中坚持党的领导加强党的建设的若干意见》。2015 年 9 月，中共中央办公厅印发《关于在深化国有企业改革中坚持党的领导加强党的建设的若干意见》（简称《若干意见》）。《若干意见》明确指出："建设好企业领导班子，造就一支高素质的经营管理者队伍，是搞好国有企业的关键。"

《若干意见》指出，坚持党的建设与国有企业改革同步谋划，充分发挥党委领导核心作用、党委政治核心作用、基层党组织战斗堡垒作用和党员先锋模范作用；坚持党管干部原则，从严选拔国有企业领导人员，建立适应现代企业制度要求和市场竞争需要的选人用人机制；严格落实国有企业党建工作责任制，切实履行党风廉政建设主体责任和监督责任；把加强党的领导和完善公司治理统一起来，明确国有企业党组织在公司法人治理结构中的法定地位；坚持从严教育管理国有企业领导人员，强化对国有企业领导人员特别是主要领导履职行权的监督；适应国有资本授权经营体制改革需要，加强对国有资本投资、运营公司的领导；把建立党的组织、开展党的工作，作为国有企业推进混合所有制改革的必要前提。

二、广西推进国有企业领导班子及人才队伍建设的实践

长期以来，国有经济在广西地区生产总值中一直保持较高的比重，国有企业在广西经济社会发展中发挥着重要作用。广西历来重视企业领导人员队伍和人才队伍建设，始终坚持围绕企业改革发展，坚持党管干部与依法治企相结合，一直坚持按照符合社会主义市场经济体制和现代企业制度的要求选人、用人，积极探索完善经营管理者的激励和约束制度，选拔配备的领导班子和领导人员都能带领干部职工把企业做强做优做大，推进企业领导人员管理工作的科学化水平，发挥了国有企业在加快推进全区经济社会发展的主力军和排头兵作用。

（一）探索推行企业法人治理结构

坚持不断完善领导班子组织体制。选人方面，坚持"双向进入，交叉任职""一岗双责"，企业党委书记兼任董事长，总经理兼任党委副书记，并配备一名专职党委副书记，在组织架构上确保企业生产经营与党建工作同步推进。为落实党管干部原则与董事会选择经营管理者、经营管理者行使用人权相结合，积极推进决策层与经营层分离。从2010年起，在广西投资集团、柳工集团、柳州五菱公司推行不同方式的规范董事会建设试点工作，在广西投资集团选聘了两名中央企业原负责人担任外部董事；在柳工集团、柳州五菱公司选聘了超过董事会半数的外部董事，经理层除总经理外均不再进入董事会，初步实现企业决策权与执行权的分开，进一步理顺企业领导人员管理体制。

（二）选好配强国有企业领导班子，实施"企业家成长工程"

科学设定国有企业领导人员的任职资格条件，着重在能力水平、任职经历等设定有别于党政干部的选拔任用标准。政治上要坚持国有企业的社会主义方向，依靠职工群众办企业；能力水平上，要求有较强的战略决策能力、经营管理能力、把握市场能力、推动创新能力、风险防范能力，以及抓班子带队伍的能力、市场竞争意识强等；作风形象上，要求具有良好职业素养、职业信誉好、廉洁从业等；任职经历上，要求一般应具有累计五年以上企业工作经历或者与企业经营管理业务、党群工作相关的经历。2013年2月，广西印发实施《广西壮族自治区直属企业领导人员管理暂行规定》，进一步明确了企业领导人员的任职资格条件、职数和任期、选拔任用、考核评价、激励约束、职业发展和退出机制。在广西壮族自治区人民政府直属的大企业大集团领导班子配备上，加强与广西壮族自治区党委组织部的工作沟通与协调，根据国有企业发展和班子建设需要，共同研究班子配备意见，组成考察组按规定实施拟任人选的推荐考察。坚持五湖四海，任人唯贤，积极面向系统内外选拔经营管理人才充实到国有企业领导班子中。

实施"企业家成长工程"，提升整体素质和能力。遵循企业家成长规律，坚持业务培训与实践锻炼相结合，加大国有企业领导人员的培训、挂职、交流等工作力度，促进企业家队伍的健康发展。会同广西壮族自治区党委组织部选送企业领导人员到中央党校、国家级干部学院或国内外高等院校学习培训，选派3批41名企业领导到中央企业挂职，推选3名广西区直属企业领导到设区市党政班子任职，提升国有企业领导人员的整体素质，促进党政干部和企业领导人员的有序交流。加强后备干部队伍建设，储备了一批高级经营管理后备人才，坚持备用结合，条件成熟的，及时推荐使用。

（三）建立健全综合评价体系，完善激励机制

充分借鉴中央企业领导班子和领导人员综合考核评价办法，注重组织认可、出资人认可、职工群众认可和市场认可，会同广西党委组织部制定出台《自治区直属企业领导班子和领导人员任期考核评价办法》《自治区直属企业领导班子和领导人员年度考核评价办法》，把企业领导人员考核评价内容分成素质、能力、业绩三大项十小项具体指标和德的专项评价。突出经营业绩的考核，该项权重占50%。改进考核方式，推行任期全面考核和年度考核，以平时考核、年度考核为基础，以任期考核、任职考察、试用期考察为重点，增强考核方式的完整性和系统性。注重考核结果的运用，坚持把考核结果作为干部培养、使用和奖惩的重要依据。

进一步规范和完善国有企业领导人员业绩考核和薪酬管理办法，按行业特点将国有企业划分为一般竞争性企业和投融资类企业进行考核管理。把年度考核、任期考核结果与国有企业领导人员薪酬、奖惩、职务任免挂钩，实行基本薪酬和绩效收益相结合的年薪制，逐步形成"业绩升、薪酬升，业绩降、薪酬降"的薪酬激励机制。

（四）采取多种途径提升职工技能水平

广西国有企业历来重视职工技能水平建设，逐步建立和完善了长期、系统的高技能人才培养机制，高技能人才的培养力度不断加大，国有企业技能工人的整体水平不断提升，为此柳工集团、柳州五菱公司等诸多国有企业制定了《高技能人才队伍建设的方案》，为国有企业的经营发展提供技能人才梯队保障。很多国有企业还制

定了对高技能人才培养的激励措施，鼓励职工参加技能比赛，利用技术大赛交流平台，在企业掀起学技能、比技能、练技术的高潮，并对获得国家级、自治区级和市级等不同层次荣誉的职工进行奖励或增加补贴。

（五）强化监督制约，促进企业健康发展

坚持以制度管人管事管资产，制定和完善国有资产监管、公司法人治理、企业业绩考核、重大事项决策、招标投标等制度规定，从制度层面加强对企业领导人员的监督制约。加大对工程项目、招标采购、改制重组、选人用人等重点领域和环节的监督，采取全程监督的办法，即事前加强教育防范，实施过程加强巡视检查，事后加强审计监察，提升监督的强度。除广西层面对企业开展审计、巡视等之外，国资委党委对国有企业开展巡查，每年随机对部分企业进行巡查，重点检查企业党委落实党风廉政建设责任制意识形态责任制、选人用人、"三重一大"决策等情况，加大对企业领导人员的监督。

三、进一步加强国有企业领导班子及人才队伍建设的总体思路

（一）加强国有企业领导班子能力建设

根据中央、广西有关深化干部人事制度改革意见和广西国有企业领导人员队伍实际，在当前和今后一段时期，继续深化干部人事制度改革，加强监管，进一步抓好企业领导人员队伍建设。

1.进一步完善公司法人治理结构。着眼于建立健全现代企业制度，切实完善国有企业法人治理结构，规范国有企业权力运行机

制，推进和完善规范董事会试点。建立外部董事制度，逐步强化董事会职能，解决董事会和经营层高度重叠的问题，使董事会能够做出独立于经营层的客观判断，提高董事会的决策能力、决策水平。研究制定董事和外部董事考核、选任、评价办法，强化董事会效能，对选聘的董事严格考核，规范管理。对规范董事会建设到位、制度健全、权责明确的国有企业，在任前备案的基础上，逐步实行经营班子成员由董事会考核、管理。

2.加强对国有企业领导人员的管理。按照深化国资国企改革意见，实现国有资产保值增值和依法履行国有企业出资人职责的要求，进一步完善国有企业领导人员管理制度。

一是建立和完善与法人治理结构相适应的企业领导人员管理体制。坚持党管干部原则，健全党委对国有企业领导班子和领导人员的管理体制，积极探索建立符合现代企业制度要求的企业领导人员管理办法。推进经营性国有资产统一监管，理顺国有企业管理体制和领导人员管理权限，按照分层分类管理的原则，进一步明确国有企业领导班子和领导人员的管理层次和管理职责，避免多头管理。探索建立国有企业领导人员能上能下的机制。探索按产权纽带管理国有企业领导人员的办法，依法落实董事会、企业经营管理者的选人用人权。

二是完善企业领导人员激励保障措施。认真贯彻落实深化国有企业负责人薪酬制度改革意见和合理确定并严格规范国有企业负责人履职待遇、业务支出意见，规范国有企业领导人员薪酬管理。构建国有企业领导人员薪酬水平与经济效益、业绩考核密切联系、适度增长，并与职工收入分配关系协调、差距合理的分配格局。探索对经营业绩和工作实绩突出，为国有企业发展做出重要贡献的领导人员，给予特别奖励。健全短期激励与长期激励相结合的办法，探索建立国有企业领导人员期股期权奖励制度。

三是健全完善企业领导人员综合考核评价办法。贯彻落实广西直属国有企业领导班子和领导人员任期考核评价办法和年度考核评价办法，健全和完善以任期目标为依据，全面反映企业经济责任、政治责任、社会责任以及企业领导人员履职表现、廉洁从业等情况的综合考核评价机制。

3.深化企业领导人员管理制度改革。大力推进国有企业领导人员专业化、去行政化改革，完善企业领导人员选拔、培养方式。

一是深化选任制度改革。按照现代企业制度的要求，全面引入竞争机制，逐步建立组织选拔与市场化选聘相结合的国有企业领导人员选拔任用制度。逐步加大市场化选聘国有企业领导人员力度，积极探索国有企业领导人员的职业化、市场化机制。逐步建立职业经理人制度，合理增加市场化选聘比例，并通过市场化模式选聘职业经理人。推行领导人员任期制契约化管理，以业绩考核为导向，建立并完善国有企业领导人员退出机制。

二是加大组织培养。遵循企业家成长规律，创新企业领导人员培育开发机制。强化理想信念教育，坚定国有企业发展方向。加大选派国有企业领导人员到各级党校、干部学院学习力度，年度定期举办国有企业领导人员的专题培训。加强理论武装，增强道路自信、理论自信、制度自信。进一步严肃国有企业党组织党内生活，严格按照党的组织原则和党内政治生活准则办事，净化党内风气。要有高度自觉的责任担当，践行"三严三实"，做到守土有责、守土尽责，依靠职工群众办好企业。加强实践锻炼。选派一批国有企业领导人员到中央企业、党政机关进行挂职锻炼，掌握国内外先进的经营理念和管理知识。

三是加快后备人才培养速度。建立企业家后备人才库，制定培养计划，加强跟踪培养和服务。坚持备用结合，注重实践锻炼，有计划、有针对性地把后备人才放到关键岗位、重点工程、艰苦环境中经受磨炼、增长才干。

4.强化对国有企业领导人员的监督约束。加强党组织监督、纪检监察机关监督，规范出资人监督，形成监督合力。规范国有企业领导人员廉洁从业行为，建立国有企业领导人员责任追究制度。把"廉洁指标"纳入与"经营指标"一样权重的指标考核，强化国有企业领导人员廉政建设。坚持经常性警示教育，使领导人员树立敬畏之心，时刻绷紧廉洁从业这根弦。坚持依法治企，把法律法规作为行权准则和不可触碰的"带电高压线"，自觉在法律法规框架内和监督之下行使权力。坚持和推行外派监事会制度，深入开展国有企业巡视制度，实行国有资产经营责任制和国有企业领导人员任期经济责任审计。建立健全国有企业领导人员选拔工作责任追究制度，对选拔任用工作中的失察失职行为进行认定并追究责任。

（二）创新人才队伍建设

着力加强机制建设，以科学合理的机制充分发挥现有人才的潜能，全面提升人才的利用率和贡献率，真正让想干事、能干事、干成事的人成为国有企业发展舞台的主角，发挥他们的作用，把人才选到更能发挥他们能力的岗位。

1.建立人才流动的约束机制。人才流动是社会主义市场经济体制下劳动者择业自由的体现，国家鼓励人才合理流动，主要是为了更好地实现人尽其才的目的。但是，目前国有企业的人才流动明显不合理，进出不平衡，流动更多地成了流失，因此国有企业有必要建立合理的人才流动约束机制。建立约束机制要对企业各类人才进行正确的分类，按照普通人才、紧缺人才、特殊人才规定人才离开企业的条件，对那些经企业委派接受过专门培训的人才，要明确其为企业服务的年限，避免"国有企业为非国有企业培养人才"现象的发生。建立流动约束机制关键要在劳动合同书上面做好文章，修订企业人才劳动合同书，对属于企业人才范围的人员必须签订相关的合同。对接受过企业安排培训、深造、出国等活动的人才也应签订专项合同，进行合同约束。当然，以合同的形式进行约束毕竟是消极约束，企业应该根据实际情况，通过提高人才待遇、允许人才自主选择岗位等多种方式进行积极约束。

2.完善人才贡献的激励机制。《广西壮族自治区企业经营管理人才队伍建设中长期规划（2010—2020年）》中明确指出，要从完善收入分配制度、完善奖励制度、完善福利制度等方面建立健全人才激励机制。国有企业人才激励机制的完善应注重两个方面：一是要突出目标激励。将企业追求一流经营水平的奋斗目标与人才实现自身价值的理想目标相结合，让人才觉得有挑战性、有奔头，才能更有效地激发人才的潜力、催生人才的动力，使企业和人才在追求共同目标的过程中实现"共赢"。二是要强化事业激励。企业应该积极地为人才设计职业生涯，让所有人才都感到"天生我材必有用"，让人才感到在企业生产经营过程中施展才学是建功立业的一种具体表现，以事业感、成就感激励人才。

3.健全人才使用的调配机制。人才的合理调配使用是发挥人才效益价值的有效手段，可以盘活企业的人才资源，最大限度地创造效益。在企业间加强同行业的人才交流是企业人才合理调配的主要方式。国有企业加强各地方、同类企业之间的人才交流，一方面可以实现人才共享、知识共享，拓宽人才渠道，使天下英才为企业所用；另一方面可以开阔人才的视野，促进人才成长。在国有企业内部，也要建立人才使用的调配机制，促进国有企业内部人才的合理流动。

4.创新人才成长的竞争机制。建立人才竞争机制必须打破论资排辈的框框，重实绩、看贡献、看才能，不看年龄、学历和关系，对人才要用其所长，不要求全责备。实施人才竞争上岗的过程必须保证公开、公平、公正，不能搞暗箱操作，实施竞争上岗的结果必须是能者上、庸者下，才能保证人才渠道畅通。

（三）全面贯彻党管干部原则，为人才工作提供坚强保证

1.坚持党管干部原则。党管干部主要是管政治、管方向、管政策、管服务。国有企业党委按照管好用活的要求，重点做好制定政策、整合力量、营造环境的工作，处理好党管干部和尊重人才成长规律的关系、党管干部和市场配置人才资源的关系、党管干部和依法管理人才的关系，推进各类人才队伍建设协调发展。

2.建立人才工作的新格局。各级党委要总揽全局、协调各方，充分发挥党的思想政治优势、组织优势和密切联系群众的优势，发挥党委领导核心作用，形成党委统一领导，组织部门牵头抓总，有关部门各司其职、密切配合，社会力量广泛参与的人才工作新格局。充分发挥工会、共青团等人民团体在人才工作中的重要作用，形成做好人才工作的强大合力。

3.加大人才工作的投入。牢固树立人才投入是效益最大的投入的观念，按照责权利相统一的原则，建立以用人单位为主、个人积极参与"多元化"人才投入机制。要在年度预算中安排必要的资金，保障人才工作的投入；要加强现有用于人才工作的资金监督管理，确保人才工作投入资金的使用效益。在重大建设和科研项目经费中，要划出一定份额用于人才开发。

4.努力营造人才工作的良好社会氛围。加强舆论宣传，充分利

用网络、报刊、广播等新闻媒体，大力宣传优秀人才的先进事迹、宣传人才工作的先进经验，为人人竞相成才和充分施展才能创造良好的社会环境。

参考文献

[1] 中共中央.关于深化人才发展体制机制改革的意见 [EB/OL]. [2016-03-21].http：//news.xinhuanet.com/politics/2016-03/21/c_11183 98308.htm.

[2] 中共中央、国务院关于深化国有企业改革的指导意见（全文）[EB/OL]. [2015- 09- 13].http：//www.sh.xinhuanet.com/2015- 09/14/c_ 134620921.htm.

[3] 中共中央办公厅.关于在深化国有企业改革中坚持党的领导加强党的建设的若干意见 [EB/OL].[2015-09-20].http：//www.gov.cn/xin- wen/2015-09/20/content_2935593.htm.

[4] 罗璐.关于当前国有企业人才队伍建设的思考 [J].南方论刊，2015（2）：91-93

[5] 深化人才发展体制机制改革 [N].人民日报；2016-03-22

思考题

1.如何在新常态下更好地发挥国有企业领导班子的作用？
2.国有企业如何留住和用好人才，尤其是掌握核心技术的关键人才？

后　记

习近平总书记强调：国有企业是壮大国家综合实力、保障人民共同利益的重要力量，必须理直气壮做强做优做大，不断增强活力、影响力、抗风险能力，实现国有资产保值增值。在这个背景下，我们组织力量，从国有企业地位和作用、改革创新、发展战略以及"走出去"等方面，结合广西国有企业的特点及现状，较为系统地介绍了国有企业发展面临的主要问题和发展趋势，探讨了进一步做强做优做大国有企业的方向、路径、政策及措施。坚持党的领导，是国有企业改革发展的根本保证。因此，将本书纳入了"国企党建丛书"的出版范畴。

本书的出版，凝聚了专家学者、国资监管工作者、编写组以及出版社编辑的大量心血。本书由广西社会科学院数量经济研究所所长姚华主持编写，广西社会科学院院长李海荣审定书稿。各章分别由吕永权、覃海珊、郑绘、陈禹静、吴坚、何载福、姚华、袁珈玲、杨鹏、聂宇欣、杨超、卞克文、曾家华、梁艳鸿、梁臣、李侑峰、邵雷鹏编写。

　　本书在编写出版中得到了广西壮族自治区党委组织部、宣传部领导，广西国资委领导及有关负责同志的热心指导和大力支持。对参与和支持本书编写出版的所有单位和个人，在此一并表示诚挚的敬意和感谢。

编著者
2017年6月